The Cotswolds

コッツウォルズ

伝統と洗練が息づく英国で一番美しい風景

江國まゆ

JIYUKOKUMINSHA

はじめに
はちみつ色の丘を越えて

ローリング・ヒルズ——波打つ丘。イギリスの人々は、コッツ
ウォルズ丘陵の地形を愛おしそうに、そう呼びます。丘を見渡
せば、羊たちがのどかに草を食んでいます。コッツウォルズの
語源はその通り、「羊の丘」という意味なのです。

そこはイングランドの原風景に出合える場所。ロンドンからほ
んの1時間半で実現する、極上エスケープです。

はちみつ色に輝くライムストーンの家並み、なだらかにうねる
緑の丘、教会の尖塔。羊毛で富を成した人々が礎を築いた土地
は、産業革命の波に洗われ、毛織物はいつしか化繊に取って代
わられ、おかげで鉄道マップから取りこぼされ、今も時計の針
は中世で止まったまま。この郷愁あふれる風景を一目見ようと、
世界中から旅人が訪れます。

でも本当は、コッツウォルズも進化の中にあります。近郊の都
市から近い美しいカントリーサイドは富裕層が別荘を持ちたい
と願う土地でもあり、彼らの都会的なセンスが少しずつ、浸透
しつつあります。他都市からリロケーションしてビジネスを興
した人々も大勢いて、世代交代が進み、新たなコッツウォルズ
を定義しつつある。そんな印象を持つことにもなるでしょう。

でもご安心を。イングランドの真髄は、田舎にあり。ロンドン
が束になっても敵わない広大な自然と生活のリズムがそこにあ
ります。田園風景をしっかり心に刻んだ後は、泥まみれの長靴
でパブに踏み込む地元の人の隣で地ビールを一杯。まだ日が高
いなら、ゴツゴツとした大ぶりスコーンにたっぷりのクリーム
とジャムを塗って、温かい紅茶と一緒にいただきましょう。

さあ皆さんも、ご一緒に！

コッツウォルズへの誘い

主に鉄道、バス、タクシーを組み合わせて楽しめる場所をご紹介しています。レンタカーが一番簡単な移動方法と言えますが、車を運転しない方や、したくない方でも楽しめるよう一般的な情報をまとめました。実際に車なしで旅をしてみてわかったのは、いくらでも自由に移動できるということです。まず行きたい村や町、アトラクションを決めて、そこを中心に自分らしい旅程を作ってみることをおすすめします。なお P.6 の地図で北と南にコッツウォルズを分けていますが、この本だけの便宜上のものであり、通常されている区分と異なる場合があります。

移動方法

ロンドンからコッツウォルズまで

電車で

ロンドンから西方面に行く電車は、ほぼロンドン・パディントン駅から出発。Great Western Railway（GWR）の運行で、駅にもよりますが約 1 時間半で到着します。利用したいのはモートン＝イン＝マーシュ駅、チェルトナム・スパ駅、ストラウド駅、キンガム駅、チッペナム駅、バース・スパ駅など（P.6 の地図を参照）。なお、本書で紹介している「最寄駅」は物理的な距離のほか、行きやすさなども考慮しています。

日程がわかっている場合はチケットを事前オンライン予約しておくと前売割引が適用されます。GWR の公式アプリを事前にダウンロードしておくと時刻表のチェック、チケットの購入、e チケットの確保などに使えます。　GWR：www.gwr.com

レンタカーで

車の運転に慣れている方は、ヒースロー空港またはロンドン市内からレンタカーという手もあります。ロンドンからコッツウォルズまで車で約 2 時間半。国際運転免許証を申請して持参しましょう。

コッツウォルズ内の移動

タクシー会社のツアー

最も楽で確実なのは、事前に現地タクシー会社のツアーを予約しておくことです。行きたい村や町を決め、その場所に近いタクシー会社や個人タクシーをインターネットで検索し、オンライン予約。半日や 1 日など長さを指定でき、人数によって車両も選べます。ご家族や友人グループで旅行される場合は料金的にも割安感があり、安心です。

公共交通機関＋バスまたはタクシー

コッツウォルズ内や周辺の鉄道駅から、バスやタクシーで移動する方法。タクシーは駅前で待機している場合と、電話で呼ばないと来ない場合があります。バスの本数はあまり多くないので、事前に旅の計画を立てましょう。バスの時刻表はすべてインターネットで検索可能。地元の人も利用し、かなり正確に発着します。週末は本数が激減します。

🔔 旅のアドバイス

Wi-Fi環境
出発前にルーターをレンタルするなど、Wi-Fi環境を整えておくと車での移動中などに必要な情報や地図にすぐアクセスできます。ホテルやほとんどの飲食店では無料でWi-Fiアクセスが可能です。

早めの移動
タクシーの予約時間やバスの時間があるときは、確実に間に合うよう早めに移動しましょう。

キャッシュを用意
タクシーの利用時、Wi-Fi環境のない場所で

カード精算機が使えないことがあるので、現金も少し用意しておきます。

ヘルプ・ポイント
何か困ったことがあれば、宿泊していないホテルでも受付の人に尋ねてみると親切に対応してくれるはずです。緊急の場合は助けを求めるとよいでしょう。

最新情報を確認
夏期と冬期では施設の営業時間や料金が異なることもあります。訪問前に必ず公式ウェブサイトで情報を確認するようにしてください。

レンタカー
コッツウォルズ周辺まで電車で行き、そこからレンタカー。車の選択肢が限られているため事前に予約する方が安心。鉄道駅からレンタカー営業所まで離れていることが多く、徒歩かタクシーで移動します。コッツウォルズ周辺の主要鉄道駅にある便利なレンタカー営業所は次の通り。

チェルトナム・スパ駅：Midlands Vehicle RentalまたはEnterprise（駅から徒歩約20分）
ストラウド駅：Midlands Vehicle Rental（駅から徒歩約20分）
バース・スパ駅：Hertz – Windsor Bridge Road（駅から徒歩約25分）
オックスフォード駅：HertzまたはThrifty（駅から徒歩約15分）
モートン＝イン＝マーシュ駅：Avis（オンライン事前予約でホテルWhite Hart Royalにてピックアップのみ、駅から徒歩約6分）

なお道幅が狭い田舎道が多いので、レンタカーでは小さめの車がおすすめ。1車線のところもあるので余裕ある運転を心がけま

しょう。GPSの受信が不安定になる場所もあるので、事前に目的地を設定して地図を印刷しておくとよいでしょう。町なかの駐車場は限られています。村や町のインフォメーションなどで駐車できる場所について聞いてみましょう。

タクシーを使いこなす
コッツウォルズに流しのタクシーはいません。駅前の待機タクシーに乗る場合は、帰りに迎えに来てもらうよう頼むこともできます。ただし夏期は繁忙期のため難しい場合もあり、なるべく次の場所への移動については、先に先にと計画する必要があります。タクシーの運転手に連絡先をもらっておくと、後日の移動に使える場合も。自分が来られないとき、仲間のタクシー運転手の電話番号を教えてくれる人もいます。タクシーでの移動を想定する場合は、計画を練って数日前までにネット予約しておくのが無難です。

コッツウォルズと周辺の町と駅

Warwickshire
Worcestershire ウスターシャー

Evesham イヴシャム
Honeybourne ハニーボーン
Ebrington エブリントン
Chipping Campden チッピング・カムデン
Broadway ブロードウェイ
Moreton-in-Marsh モートン=イン=マーシュ
Ashchurch アッシュチャーチ
Stanton スタントン
Snowshill スノーズヒル
Tewkesbury テュークスベリー
Winchcombe ウィンチカム
GWSR（保存鉄道ルート）
Stow-on-the-Wold ストウ=オン=ザ=ウォルド
Chipping Norton チッピング・ノートン
Cheltenham Spa チェルトナム・スパ
Lower Slaughter ロウワー・スローター
Kingham キンガム
Gloucester グロスター
Bourton-on-the-Water ボートン=オン=ザ=ウォーター
Charlbury チャールベリー
Newport
Gloucestershire グロスターシャー
Woodstock ウッドストック
Hanborough ハンバラ
Painswick ペインズウィック
Burford バーフォード
Witney ウィットニー
Oxford オックスフォード
Slimbridge スリムブリッジ
Stroud ストラウド
Cirencester サイレンセスター
Bibury バイブリー
北
Cam & Dursley カム&ダーズリー
Ampney Crucis アンプニー・クルーシス
Oxfordshire オックスフォードシャー
Kemble ケンブル
Tetbury テットベリー
Crudwell クラドウェル
Didcot Parkway ディドコット・パークウェイ
南
Malmesbury マームズベリー
Wiltshire ウィルトシャー
London
Swindon スウィンドン
Bristol Parkway
Castle Combe カースル・クーム
Chippenham チッペナム
Bristol
Bath Spa バース・スパ
Lacock レイコック
Bradford-on-Avon ブラッドフォード=オン=エイヴォン
Somerset サマセット

日帰り&1泊のモデル・コース

ロンドン・パディントン駅からの往復で、午前9時前後にコッツウォルズ入りを想定。

🔔 モデル・コース1（日帰り）

モートン=イン=マーシュ（P.20 〜）を基点に、ボートン=オン=ザ=ウォーター（P.44 〜）、ロウワー・スローター（P.40 〜）、ストウ=オン=ザ=ウォルド（P.32 〜）を観光。

モートン=イン=マーシュ駅
　↓ 801番バスで約30分、またはタクシー（駅前の待機タクシー）
ボートン=オン=ザ=ウォーター　●モデル・ヴィレッジ／自動車博物館など見学　●ランチ／散策
　↓ 徒歩約30分
ロウワー・スローター散策
　↓ ボートン=オン=ザ=ウォーターに徒歩で戻り801番バスで約10分、またはタクシー（要予約）

ストウ＝オン＝ザ＝ウォルド

↓ 801番バスで約20分、またはタクシー（要予約）

モートン＝イン＝マーシュ駅 ※駅周辺に町があるので電車の時間まで待機可能

🚢 モデル・コース2（日帰り）

ケンブル駅から、サイレンセスター（P.108〜）、バイブリー（P.95）、バーンズリー・ハウス（P.116）またはアンプニー・クルーシス（P.118）を回り、ケンブル駅へ戻るコース。

ケンブル駅

↓ 882番バスで約15分、またはタクシー（要予約）

サイレンセスター（The Forum 下車） ●バスの乗り継ぎ時間に散策

↓ 855番バスで約17分、またはタクシー（要予約）

バイブリー　オプション：
　　　　バイブリーから往復タクシー（要予約）でバーンズリー・ハウス、またはアンプニー・クルーシスへ

↓ バイブリーから855番バスで約17分、またはタクシー（要予約）

サイレンセスター ●観光／休憩

↓ 882番バスで約15分、またはタクシー（要予約）

ケンブル駅 ※駅周辺には時間をつぶせるような場所はないのでなるべく電車の時間に合わせて到着

🚢 モデル・コース3（1泊）

モートン＝イン＝マーシュ（P. 20〜）駅から入り、1日目はブロードウェイ（P.22〜）、ウィンチカム（P.62〜）、グロスターシャー・ウォリックシャー蒸気鉄道（P.67）を経由してチェルトナム（P.76〜）泊、翌日にテュークスベリー（P.70〜）観光。

モートン＝イン＝マーシュ駅

↓ 駅前の待機タクシーで約20分

ブロードウェイ ●ブロードウェイ・タワー　●散策／ブランチ

↓ 606番バスで約40分（11:34発）、またはタクシーで約20分（要予約）

ウィンチカム ●スードリー城　●ウィンチカム駅まで町から徒歩約20分

↓ ・運行期間中ならウィンチカム駅からグロスターシャー・ウォリックシャー蒸気鉄道乗車（16:12発）
　チェルトナム競馬場駅（16:35着）→ 駅から市街地まで徒歩約35分
・上記以外の期間は War Memorial から W ルートのバス乗車、Pittville Street 下車で約20分、
　またはタクシー（要予約）

チェルトナム ●ディナー／宿泊　●翌朝、市内観光

↓ 41番バス（Clarence Street 乗車）で約35〜40分

テュークスベリー ●テュークスベリー修道院など見学

↓ 41番バス（The Crescent 乗車）で約35〜40分

チェルトナム・スパ駅
時間次第でグロスターまで足を延ばすことも可能

Contents

はじめに ……………………………………………………… 2

この本の使い方～コッツウォルズへの誘い ……………………… 4

コッツウォルズと周辺の町と駅／日帰り＆1泊のモデル・コース ……………… 6

北 | Chipping Campden チッピング・カムデン ………………… 12

Moreton-in-Marsh モートン＝イン＝マーシュ ……………… 20

Broadway ブロードウェイ ……………………………………… 22

Stow-on-the-Wold ストウ＝オン＝ザ＝ウォルド …………… 32

Lower Slaughter ロウワー・スローター ……………………… 40

Bourton-on-the-Water ボートン＝オン＝ザ＝ウォーター ….. 44

Stanton スタントン ……………………………………………… 54

Snowshill スノーズヒル ………………………………………… 60

Winchcombe ウィンチカム ……………………………………… 62

Tewkesbury テュークスベリー ………………………………… 70

Gloucester グロスター …………………………………………… 73

Cheltenham チェルトナム ……………………………………… 76

Burford バーフォード …………………………………………… 86

Bibury バイブリー ……………………………………………… 95

Kingham キンガム ……………………………………………… 96

Chipping Norton チッピング・ノートン …………………… 102

南 | Cirencester サイレンセスター …………………………… 108

Ampney Crucis アンプニー・クルーシス …………………… 118

Tetbury テットベリー …………………………………………… 124

Malmesbury マームズベリー …………………………………… 132

Bath バース ……………………………………………………… 138

Lacock レイコック ……………………………………………… 151

Bradford-on-Avon ブラッドフォード＝オン＝エイヴォン …….. 152

Castle Combe カースル・クーム ……………………………… 156

おわりに ………………………………………………………… 159

North Cotswolds

北コッツウォルズ

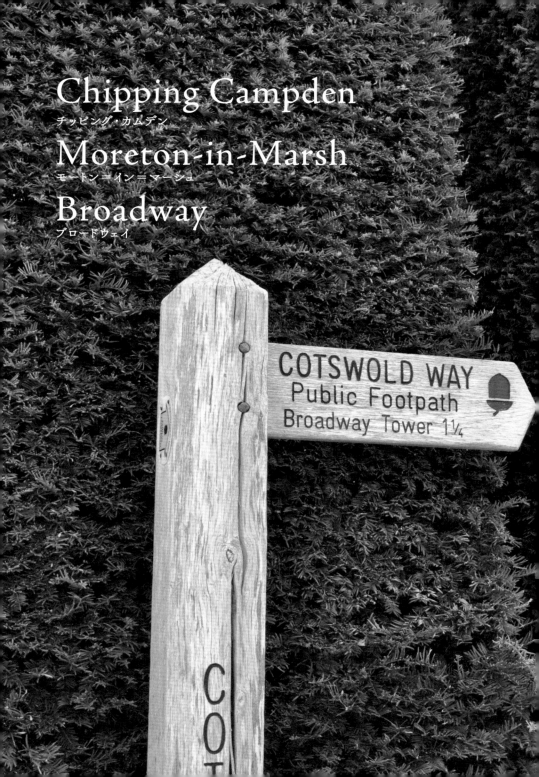

Chipping Campden
チッピング・カムデン

Moreton-in-Marsh
モートン＝イン＝マーシュ

Broadway
ブロードウェイ

COTSWOLD WAY
Public Footpath
Broadway Tower 1¼

C O
T

クラフトマンシップを育んできた歴史

コッツウォルズは美術やクラフトが盛んな土地です。特に北コッツウォルズのチッピング・カムデンやブロードウェイは、19世紀のデザイナーやアーティストたちが活躍したアーツ＆クラフツ運動にゆかりのあるエリア。チッピング・カムデンには工芸デザイナーのチャールズ・ロバート・アシュビーが移り住み、生活に役立つ手工芸を広めたことで銀細工が盛んになった歴史もあり、ミュージアム「コート・バーン」はその様子を丁寧に伝えています。北コッツウォルズの主要な町や村へは、ロンドンから1時間半で到着するモートン＝イン＝マーシュを起点にすると便利です。

Chipping Campden チッピング・カムデン

最寄駅：Moreton-in-Marsh
駅から車で約15分、バスで約50分（タクシーは事前予約、または駅前の待機タクシー利用）

上／アーチ型に切り取られた風景を
眺めるのもチッピング・カムデン訪問
の醍醐味の一つ。
下／羊毛産業で成功した地主、サー・
バプティスト・ヒックスによって建てら
れた、当時としてはとても豪華な交易
所。現在はナショナル・トラストが後世
に伝えようと大切に保存中。

High Street, Chipping Campden,
Gloucestershire GL55 6AJ
営業日：毎日
定休日：なし
nationaltrust.org.uk/market-hall

Chipping Campden Market Hall
チッピング・カムデン マーケット・ホール

アーチ越しに17世紀の風景を切り取る

中世のイギリスでは「マーケット・タウン」と呼ばれる交易の町が
各地に点在し、そのエリアの中心地として栄えていました。羊毛業
で活気づいていたコッツウォルズでも、このチッピング・カムデン
は指折りのマーケット・タウンの一つ。マーケット・ホールと呼ば
れる屋根つき市場は町の交流所で、バターやチーズ、ゲーム肉（ジ
ビエ）を売り買いする人々で朝早くから賑わっていたようです。
1627年建造当時のまま、堅牢な石造りの外観からは想像できない、
しなやかな木造の梁も見どころ。アーチ型の入り口から射し込む光
の陰影は中世の昔からずっと、朝夕と村人たちの心を捉えてきたに
違いありません。目を閉じて石畳の床の上に立つと、今も当時のざ
わめきが聞こえてきそう。

The Bantam Tea Rooms
バンタム・ティー・ルームス

自家製にこだわったカントリー・テイストを満喫する

地元産の食材にこだわり、毎日心を込めて作られるスコーンやケーキ、自家製チャツネを添えた軽食が大好評。美味しさに加えて建築の魅力は田舎ならでは、330年にも及ぶ建物の歴史は木骨が通った低い天井が物語っています。商館として建造され、その後はずっと食品やアンティークなどの店舗として大活躍。The Bantam という名のティー・ルームが登場して元気な女給さんたちが大評判だった1960年代を経て、2014年から現オーナーのキャロリンさんがご自身の物語を刻み始めました。窓の外にマーケット・ホールを望むバンタムでは併設B&Bからの眺めも抜群。カリスマ的な人気を誇った「バジャーズ・ホール」が歴史を閉じた今、バンタムこそがチッピング・カムデンの横綱ティー・ルームです。

上／おすすめはチーズ・スコーン・スペシャル。自家製チャツネがよく合う。
左下／庭に面した明るいコンサーバトリーは大人気。建物の古い部分は1500年頃までさかのぼるそう。
右下／窓際に並べられた素朴なケーキに引き寄せられる魅力的なお店。Bantamはチャボという意味。その昔、金鶏という名のホテルが向かいにあったことからつけられた名前だとか。

High Street, Chipping Campden, Gloucestershire GL55 6HB
電話：01386 840386
営業時間：毎日 9:30-17:00
定休日：なし
予算：スコーン＆ケーキのクリーム・ティー £12.00
bantamtea-rooms.co.uk

優れた地方ビジネスに贈られる
2019/20ルーラル・ビジネス・ア
ワードのクリエイティブ／アル
チザン・クラフト部門で見事受
賞。

Sam Wilson
サム・ウィルソン
▽▽▽▽▽▽▽▽▽

丘を駆ける野うさぎをコッツウォルズみやげにする

リノリウムの版画で生き生きと形づくられていくのは、朝を告げる
小鳥たちや夜に潜むキツネやフクロウ、草原を駆け抜ける野うさぎ、
そして草花。イギリスの自然に息づくたくさんのワイルドライフを
独特のタッチで作品にし、テキスタイルや日用品として売り出し大
成功を収めたのがコッツウォルズを拠点に活躍するアーティストの
サム・ウィルソンさんです。現在はコッツウォルズ内に3店舗を構
えるまでになっていますが、2016年末にオープンしたチッピング・
カムデンのお店が最初のベンチャー。風通しのいい素朴な絵柄とパ
ステル・カラーを組み合わせ、台所用品からランプシェードまでカン
トリーライフをモダンに彩ってくれる素敵アイテムが勢揃いして
います。

Elsley House, High Street, Chipping
Campden, Gloucestershire GL55
6HA
電話：01386 841116
営業時間：月-土 9:30 -17:00、
日 11:00-16:00
定休日：なし
samwilsonstudio.com

セラミック類は、イングランド伝統のストーク・オン・トレントにある工房に発注して製作。国内製造業を共に盛り立てていくポリシーを持つ。

15

上／工房では現在、5名の職人たち
が働いていて、営業時間内であれば
いつでも見学可。昔のデザインの再現
などを依頼できるほか既製品も購入
可。別の部屋では女性細工師がジュ
エリーを製作販売している。
左下／アシュビーの時代に活躍した
ジョージ・ハートさんが1912年にギ
ルドを引き継ぐ形で「ハート」を設立。
現在は4代目のジュリアン・ハートさん
が切り盛りする。2階にある町のクラフ
ト・ギャラリーにもぜひ立ち寄ってみ
て。

The Guild of Handicraft, Sheep Street,
Chipping Campden, Gloucestershire
GL55 6DS
電話：01386 841100
営業時間：月-金 9:00-16:00、
土 9:00-12:00
定休日：日
hartsilversmiths.co.uk

Hart Silversmith
ハート・シルバースミス

アーツ＆クラフツ直系の大いなる遺産に触れる

19世紀末からイギリス全土に広がったアーツ・アンド・クラフツ運
動を語るうえで、絶対に外せないのがチッピング・カムデンだと言っ
たら、驚かれるでしょうか？ ウィリアム・モリスが描いた夢見る社
会主義ではなく、この町で実ったのはもっと堅実な果実でした。ロ
ンドンで労働者階級の職人たちを支援するためのギルドを立ち上げ、
心血を注いだデザイナー・建築家のC.R.アシュビーがこの地に移っ
てきたことにより、比類のない遺産が築かれたのです。そのアシュ
ビーの「ギルド・オブ・ハンディクラフト」を受け継いで現在に至っ
ているのが、ハート・シルバースミス。古い道具と卓越した技術が
織りなす温かな銀細工はもちろん、工房とその職人たちが、まさに
燻し銀の魅力を放っています。

約1万2000坪の広大な敷地に広がるガーデンは、植栽の色と性質で分けられた「ROOM」と呼ばれる小部屋で仕切られている。

©National Trust Images/Sarah Davis

右／母屋に面したヒマラヤスギは守護的な存在。　右下／美しく刈り込まれた小鳥のトピアリーはヒドコートのアイコン。でも私のおすすめはのどかな牧歌的風景を望む敷地周辺の散策。半日かけてゆっくりと散策するのが正解。

©National Trust Images/John Millar

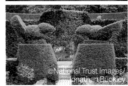

©National Trust Images/Jonathan Buckley

Hidcote Manor Garden

ヒドコート・マナー・ガーデン

イングランドきっての名園で迷子になる

「庭で"部屋づくり"に精を出した奇人」。40年にわたってヒドコートの主として類まれなガーデニングの才能を見せたアメリカ人富豪、ローレンス・ジョンストンを、そんな風に言い表すことは妥当でしょうか。1948年からナショナル・トラストの管理下にあるヒドコートが、今も庭好きの心を捉えて離さない理由は、そこに行けば必ず新しい発見があるから。植栽で仕切った28もの小ガーデン「ROOM」で趣向を凝らし、視界のマジックで遊んだのも「シャイで人見知り」と称された彼自身の心を表すものだったのかもしれません。世界中を旅して集めた植物は見る者を異国へと誘い、美的感覚では負けていないシシングハーストの主を虜にしたのも納得。名園の誉れを全身で感じたい楽園です。

Hidcote Bartrim, near Chipping Campden, Gloucestershire GL55 6LR
電話：01386 438333
営業時間：ウェブサイトで要確認。ガイドラインとして3-9月：毎日 10:00-17:00、10月：毎日 11:00-16:00、11-2月：土・日 11:00-16:00（入場は閉園時間の1時間前まで）
定休日：ウェブサイトで要確認
入場料：大人 £16、子ども £8、家族（大人2名＋子ども2名）£40
アクセス：チッピング・カムデンから車で約10～15分
nationaltrust.org.uk/hidcote

2代目のダイアニー・ビニーさんがつくったロウワー・ガーデン。彼女の代に庭園が一般公開された。「維持」ではなく「進化」させていくのがキフツゲートの哲学。

左／ヴィクトリア朝のマナーハウスの周りにキフツゲート・ローズなどの有名な植栽、サンクン・ガーデンなどが展開される。　左下／ダイアニーさんの娘で現オーナーのアン・チャンバースさんによって造られたモダンなウォーター・ガーデン。

Kiftsgate Court Gardens, Chipping Campden, Gloucestershire GL55 6LN
電話：01386 438777
営業時間：4月／月・水・日 14:00-18:00、
　5-8月／月-木・日12:00-18:00、
　9月／月・水・日12:00 -18:00
休業期：10-3月
入場料：大人 £11、子ども £3
アクセス：モートン=イン=マーシュ駅から車で約15〜20分（駅前に待機タクシーあり）／スタントンから車で約20分
kiftsgate.co.uk

Kiftsgate Court Gardens
キフツゲート・コート・ガーデンズ

女性3代が愛をつなぐランドスケープ・ガーデン

イヴシャムの谷を見下ろす小高い丘の上に、その庭「キフツゲート」があります。すぐ東隣には、見事な大庭園ヒドコート・マナー・ガーデン（P.17）が横たわっており、隣人と親しかったキフツゲートの女主人が20世紀初頭にこの庭をデザインする際、アドバイスをもらったと言われています。とはいうものの、ここは3世代にわたって女性たちが知恵を注いだ、ヒドコートとはまた違ったタイプのお庭。チャーミングな植栽が豊かに生い茂る道を辿り、屋敷から離れ散策を続けると、ついに谷を見下ろす半月形の池のある芝生へと導かれます。池の水面が周辺の樹々を大胆に映し、ふと目を上げると、なだらかにうねる緑の海が庭を越えて続いている。この比類なきランドスケープが旅人にも開かれている幸運を、噛みしめる瞬間です。

The Ebrington Arms
イブリントン・アームズ
～～～～～～～

村のはずれの、昔ながらの集会所

コッツウォルズには世界中から旅人が訪れるスポットがある一方で、地元の人だけが集う隠れた場所もまだ存在しています。そこから個性を発揮し、全国区で知られることになる場所はほんの一握り。このイブリントン・アームズは、10年かけてその偉業を成し遂げました。約400年前から村人が寄り集まっていたコテージ風の建物はヴィクトリア朝時代に化粧直しされ、現在の形になったのは2007年。ロンドンから流れついたカップルが、地元の人の好奇の目に晒されながら田舎仕立てのガストロパブ兼民宿に変身させたのです。ある冬の日、コートの襟を合わせながら扉をくぐったときの陽だまりのような温かさは今も忘れられません。地元の人々に永遠に愛される、地元志向の寄り合い場所です。

上／夏でも涼しいイギリスの田舎では暖炉の存在感は絶対。地域のパブ・オブ・ザ・イヤーを何度も受賞し、現在は別オーナーによって大切に継承されている。
左下／夏にはバラが咲き誇るテラスのテーブル席が最高。
右下／定評のあるグルメな料理の食材は、全て地元サプライヤーから仕入れる。もちろんエールも地元産。

May Lane, Ebrington, Chipping Campden, Gloucestershire GL55 6NH
電話：01386 593223
営業時間：月・火 16:00-23:00（食事はなし）、水・土 12:00-23:00（ランチ後は17:30までキッチンはクローズ）、日 12:00-22:00（食事は18:00まで）
定休日：なし
予算：スターター £10、メイン £20
アクセス：チッピング・カムデンから車で約7分
theebringtonarms.co.uk

Moreton-in-Marsh モートン＝イン＝マーシュ

最寄駅：Moreton-in-Marsh

近隣にはボートン・ハウス・ガーデン、バッツフォード樹木園、セジンコート・ハウス／ガーデンなどがあり、観光スポットには事欠かない。

上／美しいガーデンや光に満たされたコンサーバトリーで軽食やアフタヌーン・ティーはいかが？
下／かわいらしく整えられた客室で過ごす、夢見るような時間。

High Street, Moreton-in-Marsh,
Gloucestershire GL56 0LJ
電話：01608 650501
宿泊料：£145 〜／1泊
アクセス：モートン＝イン＝マーシュ駅から徒歩約5分
cotswold-inns-hotels.co.uk/the-manor-house-hotel

The Manor House Hotel
マナー・ハウス・ホテル
ゆゆゆゆゆゆゆゆ

コッツウォルズの玄関口でエレガントに滞在する

ロンドンから鉄道で直通1時間半。モートン＝イン＝マーシュは電車でコッツウォルズ入りする人たちにとっては、まさに玄関口です。ここは11世紀からヴィクトリア朝までウェストミンスター寺院の所領であったという驚きの歴史があり、その恩恵で整備された幅広のハイ・ストリートは今も大勢の人たちで賑わいます。路線バスも多い便利な「モートン」（地元の人はこう呼びます）を拠点に周辺観光をしたいなら、カントリーシックな装いで旅人を癒す16世紀のマナー・ハウス・ホテルがパーフェクト。古い石が語り出すいにしえの空間にはモダンな設備が整い、それぞれに趣向を凝らした35の客室、専用ガーデンまであるアップル・コテージが贅沢なカントリー・エスケープへと誘ってくれます。

Bourton House Garden
ボートン・ハウス・ガーデン

☆☆☆☆☆☆☆

カラフルな秘密の花園をのぞく

巨大なハンギング・バスケットが彩りを添える大きな木戸をくぐって石造りの納屋へと入っていきましょう。見上げるような天井と古めかしい梁に圧倒される空間ですが、ここはほんの入り口。その先には18世紀に建てられた瀟洒な屋敷が佇み、季節の花々を楽しむ広大な庭が広がっています。真っ先に目に飛び込んでくるのは、屋敷を縁どる美しい花壇、そして青々とした芝生。その周りをぐるりと歩くと自然に敬意を表したアーツ・アンド・クラフツ仕様のカラフルな植栽、トピアリー・ウォークやノット・ガーデンなどさまざまな趣向を楽しめる仕掛けに。ガーデンを25年かけて今の形に花開かせたのは前オーナー夫妻で、色彩の洪水を楽しむボーダーに彼らの個性を見ることができます。

上／敷地の周辺も美しい田園地帯が広がり、眺めは抜群。
左下／ここはもともと修道院だった場所。のどかな散歩のひとときを。
右下／カフェも併設され、庭好きなら半日は十分に楽しめる。

Bourton House Garden, Bourton on the Hill, Gloucestershire GL56 9AE
電話：01386 700754
営業時間：4-10月：火-金 10:00-17:00
休業期：11-3月
入場料：大人 £9（16歳以下は無料）
アクセス：モートン＝イン＝マーシュ駅から車で約5分（駅前に待機タクシーあり）／バスで約5分
bourtonhouse.com

Broadway Village Walking

ブロードウェイ 村歩き

✣✣✣✣✣✣✣

ゆったりとした馬車道を心ゆくまで歩く

ロンドンから約2時間。都市で暮らす人々が休日に訪れる
のにもってこいの村は、起点となるヴィレッジ・グリーン
から東へ向かって幅広の道がすとーんと突き抜ける中世の
宿場町。両脇には存在感のあるブティックやカフェが連な
り、どこか洗練された様子を漂わせます。中でも清教徒革
命時にオリバー・クロムウェルが泊まった宿、Lygon Arms
は今も村の中心的存在。またヴィクトリア朝時代には著名
な文化人たちが数多く出入りしたことから芸術コロニーの
ような趣があったようです。散策のハイライトは、すっか
りお店がなくなった辺りから始まるコッツウォルズならで
はのチャーミングな村並み。サインのある細い通りを右に
曲がれば、ブロードウェイ・タワー（P. 28）まで一直線です。

Broadway, High Street, Gloucestershire GL55
visit-broadway.co.uk

幅広い通りの左右にはちみつ色の建
物が並ぶブロードウェイは田舎のブ
ティック街。ショッピングやギャラリー
巡りを楽しみたい。

1階でも2階でも、手入れされたバック・ガーデンに面した席に座れば田舎らしさを満喫できる。シンプルな料理の美味しさは食材のクオリティにあり。

上／ヴィレッジ内の小さなお店から2014年にこの建物に引っ越してきた。下／2階の窓から外を眺めれば、くつろげること請け合い。

29 High Street, Broadway,
Worcestershire WR12 7DP
電話：01386 853040
営業時間：月-土 8:00-17:00、
日9:00-17:00
定休日：なし
予算：朝食・ランチ £8〜12
broadwaydeli.co.uk

Broadway Deli
ブロードウェイ・デリ

ブロードウェイで上等の朝食とグルメ土産を見つくろう

キュートな外観が目を引く大人気の食材屋さん。ふらりと入ってしまったらもう大変。生鮮食品だけでなく、あれもこれもとお土産にしたくなるクラフト食品がところ狭しと並び、グルメな人なら胸の高鳴りが止まらなくなるかもしれません。国内ブランドはもちろん、ヨーロッパ各地からやって来た品々はロンドンで見かけないものもあり、珍しいお土産探しにはうってつけです。また目利きが選んだ新鮮食材で作られるイングリッシュ・ブレックファストやサンドイッチ、ブランチ類やデリ惣菜など、カフェごはんも一目見れば特別なオーラを放っていることがわかり、界隈では群を抜く美味しさ。20年にわたって地元の人々に愛されている理由も、心の底から納得なのです。

右／お気に入りの茶葉やジャムがあれば、ぜひお土産に。オリジナルだから喜ばれそう。　右下／干しぶどう入りの巨大なティーケーキはイギリスでしか味わえないティータイムのお供。バターをたっぷり塗ってどうぞ。

Tisanes Tea Rooms
ティザーンズ・ティー・ルームス

英国伝統のティータイムを知る

17世紀の石造りの建物。一瞬でタイムスリップしてしまう落ち着いた風合いのフロント・ルーム。シンプルなサンドイッチに、温かいジャケット・ポテト。一つから注文できるスコーンや目移りする伝統ケーキの数々はとてもリーズナブル。キビキビと動く親切なスタッフさんたちも含め、ここはイギリスの「田舎ティー・ルーム」が持つ魅力を全て体験できる聖地なのです。スペシャリティはリーフ・ティー！　ローズやジャスミン・ペタルで風味づけした茶葉をベルガモットでほんのり燻したオリジナル「コッツウォルド・アフタヌーン」はぜひ。店名にもなっているハーブ・ティー（ティザーン）に、バラエティを揃えたグルテンなしのケーキを合わせれば身体にも優しい。

21 The Green, Broadway,
Worcestershire WR12 7AA
電話：01386 853296
営業時間：毎日 10:00-17:00
定休日：なし
予算：ティーケーキ £3.1、サンドイッチ
£5.3 〜
tisanes-tearooms.com

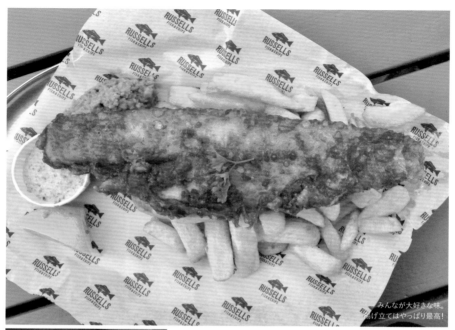

みんなが大好きな味。
揚げ立てはやっぱり最高!

上／1940年代にはイ
ギリス王室を顧客に
持っていた著名な家
具デザイナー、ゴード
ン・ラッセルの名前に
ちなむ。
下／受賞歴のあるフィッ
シュ＆チップス・レスト
ラン。よく晴れた夏の
日には外のテーブル席
が最高。

Russell's Fish & Chips

ラッセルズ・フィッシュ＆チップス

はちみつ色の菜種油でカラリと揚げる

ラッセルズほどコッツウォルズとゆかりの深い「チッピー」
（フィッシュ＆チップス店の愛称）はありません。地元出
身の家具デザイナーとして歴史に名を残すゴードン・ラッ
セルの工房兼ショールームが、このモダン世代のチッピー
に変身したのですから。隣接するミシュラン級ホテル・レ
ストランの姉妹店として2012年から地域の人気者であり
続けるラッセルズでは、揚げ油として伝統の動物の油脂を
使わず、美しい黄金色の菜種油を使ってサクサクに仕上げ
る技術が自慢。健康志向のコッツウォルズ民のために、揚
げ物以外の軽食も取り揃えているのは女性ヘッドシェフな
らではの気遣いです。現在は地元をよく知る元建築家の新
オーナーさんが、この遺産を大切に守っています。

20a High Street, Broadway, Worcestershire WR12 7DT
電話：01386 858435
営業時間：月〜土 12:00-14:30 ／ 17:00-20:30（月は19:00まで）　定休日：日
予算：フィッシュ＆チップス £15
russellsfishandchips.co.uk

14世紀前半に造られた修道院長のための屋敷としてはイングランド最高峰の保存状態と言われるアボッツ・グレインジ。その場にいるだけで中世に迷い込んだ気持ちに。

左下／ただそこにいるだけで落ち着くグレート・ホール。
右下／アボッツ・グレインジの入り口は奥まっているので予約時にご確認を。

Abbots Grange
アボッツ・グレインジ

芸術の薫りたちこめるイングランドの至宝に泊まる

観光の流れとは真逆の静かな緑地に、700年前から佇むはちみつ色の大きな屋敷があります。ある修道院長が夏の間に憩う別荘として建てたものですが、その建築的な遺産が"発見"されたのは19世紀後半になってから。アメリカ人画家のフランシス・ミレーがブロードウェイの田園美に惚れ込んでこの屋敷を購入すると、たちまち村はアーツ・アンド・クラフツやラファエル前派の芸術家たち、作曲家のエルガー、ミレーが呼び寄せた親友マーク・トウェイン、作家ヘンリー・ジェイムズなど大勢の芸術家たちが出入りする文化村に。現在アボッツ・グレインジとして知られる五つ星ブティック・ホテルの魅力は、彼らに愛された当時のまま、完璧な中世の美にあると言っても過言ではありません。

Church Street, Broadway,
Worcestershire WR12 7AE
電話：02081 338698
予算：スタンダード・ダブル £260 ～／1泊
abbotsgrange.com

海抜312メートルの丘にそびえる17メートルの塔。建設されるずっと前から、丘ではのろしが上げられていたとか。

18世紀のランドスケープ・デザイナー、ケイパビリティ・ブラウンが発案したものを別の建築家がデザインして1798年に完成。砲塔、ガーゴイル、バルコニーまでさまざまな見どころが。富裕層が遊び感覚で造るこういった建造物をイギリスでは「フォリー」と呼ぶ。

Middle Hill, Broadway,
Worcestershire WR12 7LB
電話：01386 852390
営業時間：4〜10月：毎日 10:00-17:00
（入場は16:45まで）、11〜3月：平日 11:00-
16:30、土・日 10:00-16:30（いずれも入場
は16:15まで）
定休日：なし
入場料：大人 £14、子ども 11-16歳 £6 ／
6-10歳 £3 ／ 5歳以下は無料
broadwaytower.co.uk

Broadway Tower
ブロードウェイ・タワー

コッツウォルズの四方八方を一望する

「ウスターのわたくしの屋敷から、あの丘に上がるのろしが見えるかしら」。コベントリー伯爵夫人はそれを確かめるために、現在ブロードウェイ・タワーと呼ばれている塔をこの小高い丘の上に建てさせた、とまことしやかに伝えられています。塔まではブロードウェイの村から「コッツウォルズ・ウェイ」と呼ばれる自然道を歩けば30分ほどで到着。晴れた日は16ものカウンティ（行政区）を眺望するご褒美パノラマを堪能でき、どんな疲れも吹っ飛んでしまいそう。19世紀後半になるとアーツ・アンド・クラフツ運動ゆかりの芸術家の隠れ家的な別荘となり、その歴史を知る展示もあって楽しめます。野生の鹿たちが暮らすカントリー・パークに囲まれた、絶景スポット。

上／ツリーハウスは大人気なので、
早めに予約を入れたい。母屋には上
質のレストランやバーも併設されてい
るので、食事の心配もなし。
左下／アウトドアを存分に楽しめる環
境だけれど、ツリーハウスから離れら
れなくなってしまう。
右下／床暖房完備、室内のバスルーム
の他に、デッキには木製のバスタブが。

The Fish
ザ・フィッシュ

スナフキン気分で木の上に暮らしてみる

「木の上で眠りたい」という子どもの頃の夢が叶うツリーハウス。
しかも極上のモダン設備とスタイリッシュなインテリアで快適なこ
とこの上ない。そんなあっと驚く宿泊施設が、ブロードウェイ村か
ら車ですぐの場所にあるザ・フィッシュです。50万坪という広大な
プライベート・エステートには林の中の木の中腹にしつらえられた
3つのツリーハウスの他に、「ハット」と呼ばれる5つの独立した小
屋、ファームハウスやコーチハウスの中にあるベッドルームやスイ
ートなどもあり、眠りの形もいろいろ。一番人気のツリーハウス
に泊まれば、鳥の声で目覚め、木のざわめきの中で本を読み、星空
を眺めながらワインをいただく――そんな森と一体化するワクワク
が待っています。

Farncombe Estate, Broadway,
Worcestershire WR12 7LH
電話：01386 858000
予算：ツリーハウス £550 ～／ 1泊（大
人2名＋子ども2名まで）
アクセス：ブロードウェイから車で約10
分
thefishhotel.co.uk

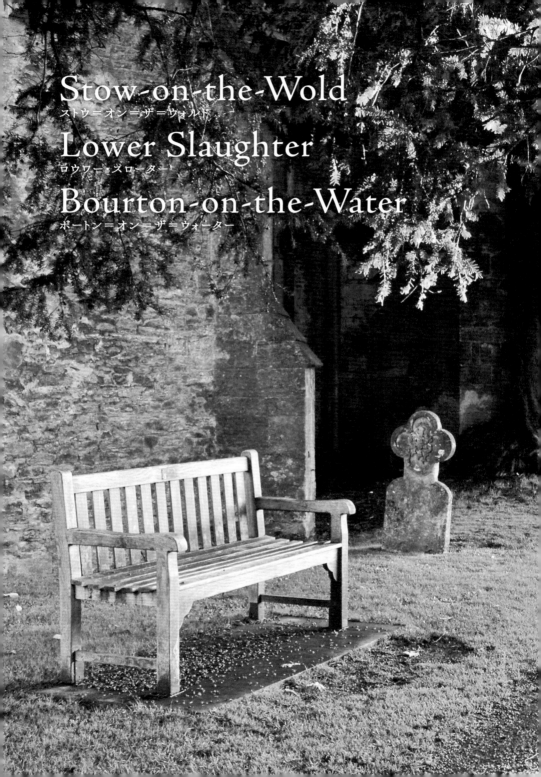

Stow-on-the-Wold
ストウ゠オン゠ザ゠ウォルド

Lower Slaughter
ロウワー・スローター

Bourton-on-the-Water
ボートン゠オン゠ザ゠ウォーター

丘と川と人が交わる場所

交易の町として大いに栄えたストウ=オン=ザ=ウォルドは、コッツウォルズで最も標高が高い町。昔から馬の競りが行われてきた歴史ある中心広場では、今も季節になるとクリスマス・マーケットが開催され、賑わいます。そこから車で南へ10分も行かないうちに、美しき水郷として名高いボートン=オン=ザ=ウォーターへ到着。水深の浅いウィンドラッシュ川といくつかの橋が織りなす風景が何よりの見どころですが、興味深いミュージアムも。中でも村を9分の1の縮尺で小さく再現した、モデル・ヴィレッジは必見。世界中からの観光客が目指す美しいヴィレッジ、ロウワー・スローターは、歩いて行ける距離です。

Stow-on-the-Wold ストウ゠オン゠ザ゠ウォルド

最寄駅：Moreton-in-Marsh
駅から車で約9分、バスで約20分（タクシーは事前予約、または駅前の待機タクシー利用）

上／不思議なオーラを放つ扉の上には古いオイルランプがぶら下がり、雰囲気もたっぷり。イチイの木を誰が植えたのかも気になる。
下／ステンドグラスは19世紀の著名な工房「ウェイルズ＆ストラング」によって設置された。

Market Square, Stow-on-the-Wold, Gloucestershire GL54 1AB
電話：01608 654150
開館日：敷地は毎日
scats.org.uk/st-edwards-stow

St Edward's Church
セント・エドワーズ教会

異世界へと通じるホビットの扉

こちらはストウ＝オン＝ザ＝ウォルドの中心にあるセント・エドワーズ教会の北の入り口。うねりのある古いイチイの木が両脇を囲む小さな扉は、教会の入り口というよりもホビット族が使う秘密の扉のよう。実はこれ、J. R. R. トールキンの『指輪物語』に出てくる「ドゥリンの扉」のモデルになったのではないかと噂されているもの。実際トールキンはオックスフォード大学の教授時代に何度もコッツウォルズを訪れ、方々からインスピレーションを受けたと言われているのです。教会はとても古く、おそらくサクソンの時代からこの地に立っていました。数世紀にわたる増改築によりさまざまな建築様式が混在。19世紀の職人による繊細なステンドグラスの窓も、一見の価値ありです。

左上／ムール貝とポテトフライ。季節で変わるシンプルなメニューを堪能しよう。
右下／2人のお子さんたちも経営に関わる100%家族経営のお店。ロンドンから地方にリロケーションし、大成功した好例でもある。

The Old Butchers
オールド・ブッチャーズ
~~~~~~~~~

地元グルメたちが通うロンドンからの彗星

ロンドンの有名レストラン、ビベンダムで料理長を務めていたピートさんと、両親が経営するパブで育ったルイーズさんのロビンソン夫妻が2005年にリロケーションし、愛を込めて育んだ肩肘張らないヨーロピアン・ビストロ。初めての土地でも「このレストランは美味しいはず！」という直感がピピッと働く私ですが、まさにこのお店の前を通ったときにセンサーに引っかかりました。お肉屋さんだった建物をモダンに改装し、家族で切り盛りするオールド・ブッチャーズは今や、コッツウォルズの名物レストランの一つに。「鼻から尻尾まで」の精神で素材をリスペクトし、旬を大切にする「セント・ジョン」スタイルを踏襲し、生産者との関係性も良好。シンプルで堅実な姿勢が長年にわたる成功の秘訣です。

Park Street, Stow-on-the-Wold,
Gloucestershire GL54 1AQ
電話：01451 831700
営業時間：火-土 12:00-14:00 ／ 18:00-21:00
定休日：日・月
予算：スターター £10 ～、メイン £18.5 ～
theoldbutchers.squarespace.com

上／ミュージアムのようにゆったりとした気持ちで古い品々と対峙することができる場所。
右／ジョージ王朝時代のマホガニー家具、装飾品、芸術・民俗品、珍品などを求め、個人からプロのディーラーまで顧客は国内外から訪れるとか。古いゲームなどを数多く扱う。

Baggott Church Street
バゴット・チャーチ・ストリート
❧❧❧❧❧❧❧❧

確実に「好き」に巡り会いたいあなたへ

コッツウォルズ・アンティーク・ディーラー協会の創設メンバーとして約40年の経験を誇る老舗。17 ～ 19世紀の英国アンティークが専門で、個人だけでなくカントリーハウス向けの高級調度品も扱っています。2フロアの落ち着いた店内はとても美しく整えられ、アンティークにさほど詳しくない私にさえ、オーナーさんが丹念に選んだ好事家受けするハイセンスな品々であることがなんとなくわかったので、少しでも知識のある方なら絶対に楽しめます。中でもイギリスの上質なカントリー・ライフを感じる風景画や素朴な肖像画は、持ち帰れば居間に個性を与える良きインテリア小物として活躍しそう。その他、英国伝統のボードゲームやスポーツ関連の工芸品を得意としています。

Church Street, Stow-on-the-Wold,
Gloucestershire GL54 1BB
電話：01451 830370 / 01451 831106
営業時間：月～土 10:00-16:00
定休日：日
baggottantiques.com

上／泊まり客でなくてもビールやコーヒーを飲みながらリラックスできる小さなコーナーがたくさんあるのでぜひ見学を。英国のパブ・オブ・ザ・イヤーに選ばれたこともある趣とおもてなし。
左下／ダイニングで食事をするとイングランドをかつて旅した人々の視線を持つことができる。
右下／村で最もラグジュアリーなホテルの一つ。

The Porch House
ポーチ・ハウス
ⵄⵄⵄⵄⵄⵄⵄⵄ

ギネス世界記録に認定される1000年のロマン

「我こそはイングランド最古なり」と名乗りを上げるパブは全国各地にパラパラとありますが、現在ラグジュアリー・ホテル＆パブとして知られるポーチ・ハウスの歴史は西暦947年までさかのぼり、木材の炭素年代測定によってそれも証明済み。ギネス世界記録に認定されている由緒正しき最古参パブです。サクソン人によって建設されたと言われ、その後、聖ヨハネ騎士団の手でホスピスとして運営。中世の頃に宿屋兼パブになりました。ダイニング・ルームの暖炉の上には、16世紀につけられた魔除けマークがくっきりと残っているなど、保存状態も良好。低い天井やでこぼこのドア、朴とつな石の壁など歴史を感じる建物には13室の客室があり、1000年超えの歴史が旅の疲れを癒してくれるでしょう。

Digbeth Street, Stow-on-the-Wold,
Gloucestershire GL54 1BN
電話：01451 870048
パブ、ダイニングは毎日営業
porch-house.co.uk

旅の思い出に残る一品を探したい。

Cutter Brooks
カッター・ブルックス

ニューヨーカーの感性をカントリーサイドへ

これはバーニーズ・ニューヨークのファッション・ディレクターとして、ヴォーグ誌などの人気ライターとして、ニューヨークで大活躍されていたアマンダ・ブルックスさんの物語。著名なアーティストである夫の故郷、オックスフォードシャーの農場に家族とともに移り住み、ストウ＝オン＝ザ＝ウォルドの中心広場にこのお店を立ち上げました。今でもジャーナリストとして世界を飛び回るアマンダさんが、田舎生活の中から新たにスタイルを模索。例えばブロック・プリントのカラフルなナプキン、手描きのディナー・プレート、そして着心地の良いオーガニック・コットンのブラウス。英欧各地から取り寄せたカントリー・シックを体現するアイテムは、今ではコッツウォルズ・マダムの憧れです。

The Square, Stow-on-the-Wold,
Gloucestershire GL54 1AB
電話：01451 831404
営業時間：月-土 10:00-17:00、
日 11:00-16:00
定休日：なし
cutterbrooks.com

子豚、子ロバ、子牛、子山羊など、動物の子どもたちに
会える「Animal Barn」は絶対。

カントリーライフの専門家でオーナー
のアダム・ヘンソンさん。

Adam Henson's Cotswold Farm
Park, Gloucestershire GL54 5FL
電話：01451 850307
営業時間：夏期 9:30-17:00、冬期 10:30
-15:00（臨時休業などもあるので行く前
に要確認）
入場料：大人 £15、4-15歳 £14.5、2-3
歳 £10（目安）※要事前オンライン予約。
アクセス：ストウ＝オン＝ザ＝ウォルドから
車で約10分
cotswoldfarmpark.co.uk

Adam Henson's Cotswold Farm Park

アダム・ヘンソンズ・コッツウォルド・ファーム・パーク

癒しのファームへ

日常を忘れて真に癒されたい方におすすめしたいのが、たくさんの
英国種の動物たちに会えるファーム・パークです。見たこともない
品種の可愛らしい子山羊や、希少なコッツウォルズ・ライオンと呼
ばれる羊、フサフサ赤毛のハイランド牛をはじめ、英国にいる7種
類の家畜のうち50を超える希少品種に出会える素晴らしいファー
ム。4月中旬までは子羊の出産、シーズンの後半の毛刈り、搾乳の
実演なども見学可能。オーナーのアダム・ヘンソンさんはBBC放送
の看板番組の一つ「Countryfile」のプレゼンターを長年務めるなど
農場生活における第一人者でもあります。動物とのふれあいで癒さ
れるのは、大人も子どもも一緒です。広々としたファームを歩き、
巣穴をのぞき、動物に挨拶し、自然とつながってエネルギー補給を。

上／650ヘクタールに及ぶ広大なファームではお楽しみがいっぱい。左下／とても賢そうなハイランド牛。

Lower Slaughter ロウワー・スローター

最寄駅：Moreton-in-Marsh
駅から車で約15分、バス（Slaughter Pike下車）で約27分・徒歩で約15分（タクシーは事前予約、または駅前の待機タクシー利用）

Googleストリート・ビューの投票で「英国で最もロマンチックな通り」に選ばれた「Copsehill Road」が村の中心を通る、イングランドきっての美村。

聖母マリアに捧げられたセント・メアリーズ教会の内装は必見。

Lower Slaughter, Gloucestershire GL54
cotswolds.info/places/lower-slaughter.shtml

Lower Slaughter Village Walking

ロウワー・スローター 村歩き
✧✧✧✧✧✧✧

時計の針が止まった村を歩く

たった230人が暮らす小さな村、ロウワー・スローターが、これほどまでに世界中の人々を魅了する理由は何だろう？ 考えてみたのですが、その「なんでもない」牧歌的風景をいにしえのままに保っていること以外に、思いつかないのです。村の中心を流れるアイ川。周辺には背の低い素朴なコテージが並び、樹々がざわめいている。川に架かる2つの小さな橋、製粉で使われていた水車小屋。村の中心にあるセント・メアリーズ教会は13世紀から村を守護する美しい集会所であり、この地を治めていた州長官のマナーハウスは、村に華やぎを添えています。西に歩けばアッパー・スローター村まで徒歩数分。南へ30分ほど散策すれば、美しい水郷として名高いボートン＝オン＝ザ＝ウォーターへと到着です。

The Old Mill
オールド・ミル
✧✧✧✧✧✧✧✧✧

ロウワー・スローターの水車小屋よ永遠に

イングランドの田舎をテーマに「どこかで見た風景」を描くとしたら、石造りのコテージや清流、そこに架かる趣ある石橋はもちろん、水車も必須アイテムではないでしょうか。この小さな村、ロウワー・スローターにはその全てがあり、かつて製粉業に勤しんだ水車小屋はいつしか村の象徴となりました。11世紀より前から存在した水車ですが、現在の建物は19世紀のもの。1958年まで製粉所として稼働し、1992年までベーカリーもありました。その後はミュージアム兼クラフト・ショップに転身し、大勢の観光客を迎える村の要に。それが2023年夏に、惜しまれつつ28年の歴史に終止符が打たれたのです。それでも、この村に来ればいつでも、水車小屋のある風景に出会うことができます。

上／アイ川のほとりに佇む古い水車小屋は、地域の宝。心に残る風景を形づくっている。
下／現オーナーさんのリタイアとともに、勇退したミュージアム＆クラフト・ショップ。こちらは建物の裏パティオからの眺め。

Mill Lane, Lower Slaughter, Gloucestershire GL54 2HX

The Slaughters Manor House
スローターズ・マナー・ハウス

田舎暮らしのハイエンド

美しく黄金色に輝くフレンチ・スタイルの館、スローター
ズ・マナー・ハウスは、17世紀にグロスターシャー州の長
官一家が現在の屋敷を建てる以前もさまざまな物語を刻ん
できた歴史ある館。古くは王族に帰属する土地であり、ま
た15世紀には修道女たちが借り暮らしをしたという風変
わりなサイド・ストーリーもあり、館の隅々に時代の足跡
を感じます。現在は洗練された都会人たちのエスケープ先
となるべく、古典スタイルを保ちながらも内装はおしなべ
て現代的。インテリア・デザイナーでもある現オーナー夫
人が全19室それぞれにふさわしい個性を与えて快適な滞
在を約束しているため、リピーターが後を絶ちません。英
国風田舎暮らしのハイエンドを垣間見ることができる宿。

Copsehill Road, Lower Slaughter, Gloucestershire GL54 2HP
電話：01451 820456
予算：£240 〜／ 1泊
slaughtersmanor.co.uk

左／優雅な自家製アフタヌーン・ティー £35はとてもお得。
右／国内でもトップクラスの食事をいただける。

商人の出自で貴族の称号を授かったウィットモア家が3世紀以上にわたり所有したマナー・ハウス。門を入って右手に元厩舎を改装したコーチハウスがあり、ゆったりと宿泊できる。約2万平米のランドスケープ・ガーデンの散策もお楽しみ。

Bourton-on-the-Water ボートン＝オン＝ザ＝ウォーター

最寄駅：Moreton-in-Marsh
駅から車で約15分、バスで約30分（タクシーは事前予約、または駅前の待機タクシー利用）

村の歴史と深いつながりのある自動車博物館を望む。

Bourton-on-the-Water Village Walking
ボートン＝オン＝ザ＝ウォーター 村歩き

水とたわむれる

ウィンドラッシュ川の水辺で遊ぶ散歩中の犬や、水鳥たちの軽快なダンスを眺めながら散策したい、煌めきのボートン＝オン＝ザ＝ウォーター。コッツウォルズ地方きっての水郷です。アーチ型の橋と川面の輝きが織りなす、絵葉書のようなヴィレッジ風景が何よりの見どころ。興味深いアトラクションも目白押しで、実際の村の9分の1スケールの模型を楽しむ「モデル・ヴィレッジ」、クラシックカー愛好家にはたまらない「コッツウォルド自動車博物館」などがあり、泊まりがけで訪れても飽きない永遠のテーマパークなのです。朝から夜まで、一日のリズムに合わせてゆっくりと気ままに散策するだけで、気づくと何百枚も写真を撮ってしまっている!?それもボートン・マジックのなせる技。

Bourton-on-the-Water, Gloucestershire GL54
bourtoninfo.com

上／ネズミ除けの古いマッシュルーム・ストーンが川岸を彩る。この先の村はずれに、ペンギンやペリカン、フラミンゴほかエキゾチックな鳥500羽以上に出会えるバードランドがある。
左中／そぞろ歩きで出会えるヴィンテージもの。
右中／散歩中は幸せそうな犬たちに出会う確率高し。
左下／川沿いのパブで英国料理を。

左／地元の人と旅行者が入り乱れ、朝から夕方まで混雑する愛されベーカリー。
右／イギリスで食べられている昔ながらのパンやケーキに加えて、クリームが二層になったヴィクトリア・サンドイッチや、ラズベリーとカスタードのデニッシュなどが評判だ。

Bakery On The Water

ベーカリー・オン・ザ・ウォーター

４世代続くパン職人が教えてくれる幸福のレシピ

「コッツウォルズのヴェニス」と称されるボートン＝オン＝ザ＝ウォーターの、麗しきウィンドラッシュ川のほとりにキュートなパン屋さん、ベーカリー・オン・ザ・ウォーターが佇んでいます。祖母の代からパン職人という現オーナーのクレアさんは、10代の頃からパン作りが大好き。今は次世代の子どもたちも巻き込んで、代々受け継がれる自慢のレシピでいい匂いのするパンを次々と焼き上げていきます。地元産の材料を使って作られるザクザクのペイストリー・デニッシュ、四角いスコーンやチェルシー・バン、レモンドリズル・ケーキも「コッツウォルズ のアルチザン・ベーカリーらしい顔をしている」と思うのは、私だけでしょうか。コミュニティに貢献し、幸せを振りまくベーカリーです。

1 Sherborne Street, Bourton-on-the-Water, Gloucestershire GL54 2BY
電話：01451 822748
営業時間：毎日 8:00-17:00
定休日：なし
littlebakerycompany.com

The Cotswold Pottery
コッツウォルド・ポタリー

東から西へ、西から東へ

コッツウォルズまでやって来て、日本風の焼き物をご紹介すること
を、どうかお許しを。しかしこのギャラリー工房を訪れて紹介しな
いこと自体がとても難しい。コッツウォルド・ポタリーの作品は、
英国の土と魂、そして日本の技術と文化の見事な融合なのです。オー
ナーでありアーティストであるのは、チェルトナムの美術学校で出
会ったジョン&ジュードのジェルフス夫妻。バーナード・リーチや
濱田庄司に魅せられたジョンさんと、ファイン・アートを勉強され
セラミックに進まれたジュードさんが溶け合い、互いを認め合って
現在のクラフト工房兼ギャラリーが1973年にできあがりました。
いずれも力強く調和が取れ、本当に美しいものだけが、ここにあり
ます。英国流の「用の美」を感じたい方はぜひ。

上／日本の民藝運動に影響を受けた
ジョンさんの作品。陶芸家バーナード・
リーチや濱田庄司への憧憬が用の美
へと向かわせた。

中下／ジョンさんとジュードさん、二
人三脚の半世紀。お二人の作品は英
国各地の美術館やギャラリーにも収蔵
されている。ギャラリー・ショップは村
の中心から少し歩いた場所にある。

右下／ファイン・アート出身のジュー
ドさんの作品は、ペインティング、彫
刻、セラミックを融合させた独自アー
トだ。

Clapton Row, Bourton-on-the-Water,
Gloucestershire GL54 2DN
電話：01451 820173
営業時間：月-土 10:30-17:00、
日 11:00-16:00
定休日：なし
予算：茶碗 £60 〜、急須 £90 〜、ジュー
ドさんの作品 £70 〜
cotswoldpottery.com

全13室。正面玄関の上にあった大き
な日時計にちなんでダイヤル・ハウス
と呼ばれるようになった。敷地内にあ
るテント・スタイルのバー・ダイニング
も大好評。デザインを担当したローレ
ンスさんはインテリア番組でおなじみ
の大人気プレゼンターでもある。

The Dial House
ダイヤル・ハウス
✦✦✦✦✦✦✦

人気デザイナーが築300年のホテルを刷新

少し奥まった静かな場所でありながら、村の中心に佇む好立地のダ
イヤル・ハウスは1698年建造の邸宅ホテル。どっしりとした石造
りの外観、深く掘り込まれた窓枠など、古い建物だけが持つ独特の
重厚感に胸がときめきます。この30年間はブティック・ホテルと
して活躍。そして2023年春、近年にない大変化を経験して大きな
話題に。5つのスイート・ルームが著名なインテリア・デザイナー、
ローレンス・ルウェリン・ボーウェンさんによって大胆に刷新され、
コロニアルな色彩を取り入れてちょっぴりキッチュで現代的なデザ
インに生まれ変わりました。食事の美味しさにも定評があるダイヤ
ル・ハウス。静かなロケーションで快適な滞在を約束してくれるボー
トンのおすすめホテルです。

High Street, Bourton-on-the-Water,
Gloucestershire GL54 2AN
電話：01451 822244
予算：£160 ～／1泊
dialhousehotel.com

メニューの種類も多いので、好みの違うグループでも問題なく楽しめそう。

The Rose Tree Restaurant
ローズ・ツリー・レストラン

温かい気持ちになる、誠実な欧州ビストロ

いくつかあるボートン＝オン＝ザ＝ウォーターの水辺に佇む上質レストランのうち、気軽に行けて、かつ特別な日にもふさわしいレストランを選ぶとしたら、このローズ・ツリーかもしれません。2017年に夫妻デュオによって創業。シェフの技量と真心を感じる英国＆ヨーロピアン料理の数々は、確かな味とちょっとした驚きで旅人にたいそう人気です。例えば前菜には野菜がたっぷり添えられたフランス風テリーヌ、メインにはサクサクのパイ生地と一緒にいただく濃厚な英国風ステーキ＆キドニー・パイ、グロスターシャー特産オールド・スポット・ソーセージ＆マッシュなど、ほっとする味わいと洗練の両方に出会えます。木の温もりを感じるインテリアと、温かいおもてなしに気持ちが緩む場所。

Victoria Street, Bourton-on-the-Water,
Gloucestershire GL54 2BX
電話：01451 820635
営業時間：火-金 11:30-14:30 ／ 18:00-20:30、土 11:30-15:00 ／ 18:00-20:30、日 11:30-15:00
定休日：月
予算：スターター £7.5～ メイン £16.25～

therosetreeinbourton.co.uk

The Cotswold Perfumery
コッツウォルド・パフューマリー

エリザベス2世が愛した郷土のフレグランス

ほんのり、落ち着いた灯りに照らされたアール・デコ調の店内。あっという間に半世紀前に引き戻されるレトロな空間に、香りのプロダクトが夢見るように陳列されています。ここは1966年創業の香りの殿堂。世界中の香水愛好家から引く手あまたの天才調香師ジョン・スティーブンさんが、科学とアートを融合させる香りのラボでもあります。シグニチャーはジャスミンが豊かに香る「Pallas（パラス）」。1992年にバッキンガム宮殿が香水コンペを行った際に選ばれたもので、以来、エリザベス2世は好んでジョンさんの香りをまとったと言われています。約600種の上質エッセンシャル・オイルを使ってあらゆる香りを生み出す調香クラスは、すぐに埋まってしまう人気ぶり。香り好きな方は必訪です。

企業との提携による独自フレグランスも調香している。遠く離れた国々からも参加者がやってくるジョンさんの1日クラスや5日間のコースの参加中は、系列アパートメントに割引で宿泊可能。

Victoria Street, Bourton-on-the-Water,
Gloucestershire GL54 2BU
電話：01451 820698
営業時間：月-土 9:30-17:00、
日・祝 10:30-17:00
定休日：なし
予算：7.5ml £26.5〜、調香1日コース
£245
cotswold-perfumery.co.uk

Stanton
スタントン

Snowshill
スノーズヒル

Winchcombe
ウィンチカム

イングリッシュ・ガーデンの里

大きな歴史の花が咲き乱れるコッツウォルズ北西部。北端にはヒドコートやキフツゲートなど地主の名園が隣り合わせ、南へ下ると稀代の収集家であったチャールズ・ウェイドの膨大な博物コレクションを収めるスノーズヒル・マナーや、ヘンリー8世最後の奥方が過ごしたスードリー城、インド風の館として王室の建築にも影響を与えたセジンコートなど、ビッグな見どころが勢揃いしています。スタントンやスタンウェイなど、コッツウォルズらしい端正なヴィレッジが佇むのもこのエリア。その風光明媚な景観を楽しむのに、保存鉄道はうってつけです。ブロードウェイからチェルトナムまで、蒸気機関車で旅情あふれる移動はいかが？

Stanton スタントン

木骨造りや茅葺き屋根の民家が並ぶ
スタントン村が現在の形に整えられた
のは20世紀初頭で、村の大部分を購
入し、改修に乗り出した建築家フィリッ
プ・ストットの功績が大きい。

High Street, Stanton, Worcestershire
WR12 7NE
電話：01386 584316
営業時間：火～土 12:00-15:00(L.O.14:00)
／18:00-23:00 (L.O. 21:00)、日 12:00-
16:00(L.O.15:00)
定休日：月
予算：フィッシュ＆チップス £11.5 ～
themountinn.co.uk

The Mount Inn
マウント・イン

丘の上のパブから始めよう

地元コッツウォルズの人々から「格別な美しさ」と称えられるスタ
ントン村は、ミルクを買いに走るお店もない小さなコミュニティ。
商業施設を持たない300年前の端正な家並みからは、ライムスト
ーンの温もりを肌で感じることができます。その村の真ん中を貫く通
りを上って目指すのは、絶景を約束された小高い丘の小さなパブ。
ここは北コッツウォルズを流れる清流のかたわらで150年の歴史を
刻むドニントン醸造所のビールを扱うパブ。17世紀に引き戻され
る仄暗さと古い暖炉に馴染むバー・エリアとは対照的に、陽光満ち
るテラスや広大な庭に出れば遥か彼方の山々までしっかり眺望でき
るでしょう。地元の食材を使った食事も田舎料理とは一線を画すラ
ブリーな仕上がり。

The
Mount
Inn

DONNINGTON ALES

MOUNT
inn

LOCALLY SOURCED
FOOD, WINES &
DONNINGTON ALES

OPENING HOURS
TUESDAY – SUNDAY
12.00 – 3.00
6.00 – 11.00
FOOD SERVED
TUESDAY – SATURDAY
12.00 – 2.00
7.00 – 9.00
SUNDAY 12.00 – 2.30

TEL. 01386 584316

丘の上からの眺め。パブでは150年の歴史を刻む
ドニントン醸造所の地ビールを扱う。

上／馬たちとの交流は何ものにも代えがたい体験。　下／馬具の世話をするスペシャリスト。

Washpool Equestrian Centre, Stanton, Worcestershire WR12 7NE
電話：01386 584250
乗馬練習日：毎日 8:00-18:00
予算：乗馬プライベート・レッスン £66／1時間、セミ・プライベート £55／1時間など、B&B £90 〜 110／1泊
cotswoldsriding.co.uk

Cotswolds Riding
コッツウォルズ・ライディング
🍂🍂🍂🍂🍂🍂🍂

散歩感覚の乗馬を体験する

コッツウォルズで田舎道を歩いていると、馬に乗って颯爽と散策する人とすれ違って笑顔になることがよくあります。それほど乗馬カルチャーは日常に定着しており、英国全土で250万人の乗馬人口がいるというのも納得。ここスタントンにある乗馬スクールのオーナーで、地元で育ったジル・カレンザさんは、まさに呼吸をするように子どもの頃から馬に親しんできた人馬一体の人です。1975年に創業して以来、その確実な技術指導により五つ星の評判を築いてきました。現在は50頭以上のよく訓練された馬、スタッフとともに子どもから大人、初心者向けからプロの養成まで、あらゆるクラスを提供。旅行中でも、半日や1日のクラスに入れてくれるので、田舎ならではの特別体験をしたい方はぜひ問い合わせをしてみてください。

ここは事務所。敷地内には17世紀の石造りの家に宿泊できるB&B施設もある。

オーク樽で熟成させた芳醇なウイスキーは美しく深い色合い。トフィーやフルーツの甘い香りを漂わせる。ジンやウイスキーのブレンディング・コースも受講できる（£100〜）。

Cotswolds Distillery
コッツウォルズ蒸留所

コッツウォルズの自然を封じ込めたクラフト蒸留酒

そのクラフト精神で日本でもじわじわとファンを増やしているコッツウォルズ蒸留所は、2014年創業。年若い蒸留所の本領はウイスキー造りですが、熟成を待つ間に地元ラベンダーの香りを取り入れた華麗なるクラフト・ジンを造ってあっという間に世界ナンバーワンに輝いてしまいました。ウイスキー造りではコッツウォルズ産の大麦のみを使用。モルティングは現存する英国最古の製麦所で行い、通常よりもゆったりとした発酵工程を辿ることでフルーティさを引き出し、熟成へ。バーボンや赤ワインを造ったバレル（樽）を使うことで独特の色や香りをクリエイト。その工程を見学し、ほぼ全種を試飲させてくれる約90分のツアーは、お酒好きには間違いなく観光のハイライトになるはず。

Phillip's Field, Whichford Road,
Stourton, Shipston-on-Stour,
Warwickshire CV36 5EX
電話：01608 238533
営業時間：月-土 9:00-17:00、
日 10:00-17:00
ツアー料金：大人 £25（10:30 ／ 13:30
／ 15:00）
アクセス：モートン＝イン＝マーシュ駅から車で約15分（駅前に待機タクシーあり）
cotswoldsdistillery.com

金融で財を成した創業者のダニエル・ゾーさんが、コッツウォルズ産の作物を利用して造るウイスキーはワールド・ウイスキー・アワードでベスト・イングリッシュ・シングルモルトに輝いた。

Cotswold Lavender
コッツウォルド・ラベンダー

ラベンダー色に煙るフィールドに遊ぶ

ラベンダーの見頃は7月上旬から8月頭にかけて。

Hill Barn Farm, Snowshill, Broadway,
Worcestershire WR12 7JY
電話：01386 854821
営業時間：毎年7月上旬～8月初旬
10:00-17:00(ウェブサイトで要確認)
入場料：大人 £7.5、子ども £3.25 (4歳以下は無料)
アクセス：モートン＝イン＝マーシュ駅から車で約15分
cotswoldlavender.co.uk

夏。コッツウォルズのこの一帯は、なだらかにうねる広大な土地が一斉にパープルに染まります。ここは3世代にわたって家族経営されているラベンダー農場。50万本以上、40種にもおよぶラベンダーが咲き誇る景色を一般の人々が共有できるのは、夏の1ヵ月だけ。太陽の恵みを受けながら開花するラベンダーはコッツウォルズ特有のライムストーンが溶け出した土壌を好み、昔ながらの方法で収穫、蒸留され、1年間熟成させることで、最高品質の純粋なイングリッシュ・ラベンダーの精油が生まれるのです。そのアロマを使ったスキンケア製品や健康プロダクト、お茶などはお土産に最適。でももしかするとラベンダーの癒しは、フィールドを歩きながら風を受けている瞬間に訪れるのかもしれません。

1999年、ほんの少しのラベンダーの栽培から始まったファーム。今では28ヘクタールが毎年パープルに染まる。

Winchcombe ウィンチカム

最寄駅：Cheltenham Spa
駅から車で約15分、バスで約30分（タクシーは事前予約、または駅前の待機タクシー利用）

キャサリン・パーが眠るセント・メアリー教会は、19世紀に著名な建築家ギルバート・スコット卿の手で蘇った。

城内からキャサリン・パーをかたどった人形がガーデンを見下ろす。

Sudeley Castle & Gardens,
Winchcombe, Gloucestershire GL54
5LP
電話：01242 604244
営業時間：4-12月 毎日10:00-16:00（城は11:00開館、最終入場は15:00）
入場料：大人£19.5、子ども £8.75（3-15歳）※要事前オンライン予約
休業期：1-3月（年によって変わるのでウェブサイトで要確認）
sudeleycastle.co.uk

Sudeley Castle & Gardens
スードリー城＆ガーデンズ

ヘンリー8世の最後の王妃に会いにいく

華やかなりしチューダー朝のイングランドを語るときに、絶対に外せない歴史スポット。ここは妃を次々と取り替えたことで悪名高いヘンリー8世の6人目にして最後の王妃、キャサリン・パーが暮らし最期のときを迎えた城であり、エリザベス1世が戦勝記念の晩餐を行った会場でもあります。清教徒革命で命を落としたチャールズ1世の隠れ家だったことも。王政が衰退して2世紀にわたって打ち捨てられた後、裕福なジェントリ階級の手で蘇ったのですが、それを先導したのはヴィクトリア朝の先進的な女性でした。丹念に手入れされた10種類ものガーデンや、15世紀のバンケティング・ホールの廃墟、真に麗しいセント・メアリー教会など1000年の豊かな歴史を刻むイングランドの至宝です。

外壁だけ残るバンケティング・ホールの廃墟。

Winchcombe Railway Station

ウィンチカム駅

ポワロになった気分で偵察したいレトロな鉄道駅

ウィンチカムの中心から北へ20分ほど散策すると、郷愁
あふれる鉄道駅「ウィンチカム駅」に辿り着きます。ただ
の駅ではありません。蒸気機関車の保存鉄道を結ぶ、たっ
た6つの駅のうちの一つです。もともと1906年にチェル
トナムとストラットフォード・アポン・エイヴォンを結ぶ
路線のために誕生しましたが、現在は鉄道を愛するたくさ
んのボランティアたちが運営する蒸気機関車、グロスター
シャー・ウォリックシャー蒸気鉄道（P.67）の停車駅とし
ての役割を担っています。1980年代に改築された際、蒸
気機関車にふさわしいレトロなデザインが採用されました。
振り向くとアガサ・クリスティが描く名探偵ポワロのした
り顔が見えてくるような、ジョージ王朝時代を地でいく劇
場仕立ての素敵スポットです。

Winchcombe Railway Station, Gloucestershire GL54 5LD
電話：01242 621405
gwsr.com/stations/winchcombe
アクセス：ウィンチカムの町から歩いて約20分

左／人もペットも全てが舞台の一部。　右／レトロ感を大切にしたティールーム。

ゆったりとした時間が流れる。

上／ウィンチカム・ポタリーはウィンチカム駅から歩いて10分程度の場所にある。
左下／工房の倉庫でそのまま展示販売。
中下／1954年まで稼働していた徳利窯は保存建築として大切に保存されており、焼成には屋内にある薪窯を使用。
右下／陶工頭のマシューさん（右）と後輩のジョセフさん。「年間を通して世界中から見習いが来るよ」と気さくに話してくれた。

Becketts Lane, Winchcombe,
Gloucestershire GL54 5NU
電話：01242 602462
営業時間：月-金 9:00-17:00、
土 10:00-16:00
定休日：日
予算：マグカップ £14 ～
アクセス：ウィンチカムの町から歩いて
約30分
winchcombepottery.co.uk

Winchcombe Pottery
ウィンチカム・ポタリー

用の美を追求し続けるリーチ直系の古参窯

英国内でも有数の古参として現役稼働しているウィンチカム・ポタリーのルーツは、日本に学んだ陶工バーナード・リーチに行き着きます。一番弟子マイケル・カーデューが1926年に窯を開き、同僚のレイ・フィンチが花開かせ、現在もその直系の弟子たちが技術を引き継ぎ盛り立てています。ここで生み出されるボウルやジャグ、マグカップは、ぼってり重く手のひらに優しく馴染み、日常使いにふさわしいシンプルな形。リーチが日本で学んだことと、英国の風土から生み出されたものが融合し、このウィンチカムの伝統の形を造り上げているのです。私が長年使っているウィンチカムのブラック・ボウルも、大変使い勝手が良く、何をよそっても料理が生きる、主張しすぎない、影の立役者としてお役目を全う中です。

『コッツウォルズ 伝統と洗練が息づく英国で一番美しい風景』
をご購読いただき、誠にありがとうございます。
皆さまのお声をお寄せいただけたら幸いです。

●本書をどのようにしてお知りになりましたか。
□新聞広告で（紙名：　　　　　　　　　　　　　　　　　新聞）
□書店で実物を見て（書店名：　　　　　　　　　　　　　）
□インターネット・SNSで（サイト名等：　　　　　　　　）
□人にすすめられて
□その他（　　　　　　　　　　　　　　　　　　　　　　）

●本書のご感想をお聞かせください。
※お客様のコメントを新聞広告等でご紹介してもよろしいでしょうか？
（お名前は掲載いたしません）　□はい　□いいえ

ご協力いただき、誠にありがとうございました。
お客様の個人情報ならびにご意見・ご感想を、
許可なく編集・営業資料以外に使用することはございません。

住所	〒□□□-□□□□				都道 府県			市 郡(区)
	アパート・マンション等、名称・部屋番号もお書きください。							

氏名	フリガナ		電話	市外局番 （	市内局番 ）	番号	
			年齢		歳		

E-mail

どちらでお求めいただけましたか？

書店名（　　　　　　　　　　　　　　　　　　　　　　　　　　　　　　）

インターネット　　1．アマゾン　　2．楽天　　3．bookfan
　　　　　　　　　4．自由国民社ホームページから
　　　　　　　　　5．その他（　　　　　　　　　　　　　　　　　　　）

上／ウィンチカム駅を出発して走行中。ファースト・クラスではアフタヌーン・ティーを提供する日もあるので要チェック。
左／コッツウォルズ丘陵のグリーンに心洗われる車窓からの眺めを楽しみながらの旅。

Gloucestershire Warwickshire Steam Railway
グロスターシャー・ウォリックシャー蒸気鉄道

鉄道ファンの情熱が走らせる往年の蒸気機関車

コッツウォルズの北端、グロスターシャーとウォリックシャーの境界に沿うように、北のブロードウェイと南のチェルトナム競馬場との間、約23キロを走る蒸気機関車の保存鉄道。全国どの保存鉄道も同じだと思いますが、イギリスの鉄道ファンたちの夢と情熱が形になり、ボランティア・ベースで運営されているところは感動的でさえあります。沿線にはその他、トディントン、ハイレス・アビー・ホルト、ウィンチカム、ゴサリントンの合計6つの駅があり、それぞれの区間は1984年から寄付金を募りながら順次開通していきました。全区間の所要時間は片道約1時間、1日5〜6往復の運行。大人は25ポンドで1日乗り放題なので、車窓風景を満喫しつつ、途中下車をして駅周辺の観光を楽しむのもおすすめです。

電話：01242 621905
営業時間：3-10月：火・水・木・土・日 9:30頃-17:00頃
定休日：3-10月：月・金（祝日は営業）
※ウェブサイトで要確認
乗車券（スタンダード、乗り降り自由）：
大人 £25、子ども（5-15歳）£10、家族（大人2名／子ども3名まで）£60、その他区間のみの乗車券もあり、プラットフォームのみのアクセス £2
gwsr.com

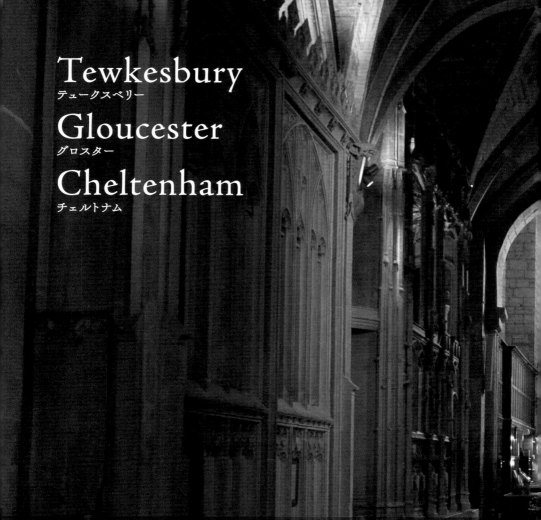

Tewkesbury
テュークスベリー

Gloucester
グロスター

Cheltenham
チェルトナム

緑の丘を守護する町

コッツウォルズ丘陵の西の背を守るように、魅惑的な街が点在しています。優雅なリージェンシー様式の建物が連なるスパ・タウン、チェルトナム。深い歴史に彩られた大聖堂の街グロスター。いずれもロンドンから電車で直通の便利なロケーションにあり、田園風景が広がるコッツウォルズにカラフルな個性を添えています。そこから北に飛び出た場所にあるのが、中世から栄える交易の町テュークスベリー。時代劇の舞台セットさながら、木骨造りの傾いだ家が並ぶ様子に初めて訪れた人なら目が離せなくなることでしょう。唯一無二のキャラクター

Tewkesbury テュークスベリー

最寄駅：Cheltenham Spa
駅から車で約17分、バスで約40分(タクシーは事前予約、または駅前の待機タクシー利用)

12世紀後半に建造された美しい姿を誇る。

見事なアーチ型の天井は14世紀以前のものと言われる。

Church Street, Tewkesbury,
Gloucestershire GL20 5RZ
電話：01684 850959
開館日：毎日9:00 -16:30
休館日：なし
入場無料
tewkesburyabbey.org.uk

Tewkesbury Abbey
テュークスベリー修道院

薔薇戦争の舞台となったノルマン建築の最高峰

今でこそ英国王室の主要舞台はほとんどがロンドンかもしれませんが、昔は地方もホットな舞台として注目されていました。例えばヨーク家とランカスター家が王位を巡って戦った中世の昔、グロスターシャー一帯は薔薇戦争のさなか。当時の面影を十分すぎるほどに残すチューダー様式の町、テュークスベリーでも戦いが繰り広げられ、この修道院に逃げ込んだランカスターの兵士たちが無残にも命を絶たれた歴史を秘めています。おそらくサクソン時代の7世紀からすでに参拝所であり、12世紀頃に建造された現在の修道院の見どころは「イングランド最大で最も美しい」と謳われるロマネスク様式の塔。そして身廊を支えるどっしりとしたノルマンの柱と繊細なアーチ型天井です。日曜日なら聖歌隊の歌声が聞こえてくるはず。

70

廃れていたパブを救ったのが1969年から20年以上経営していたルビーさん。彼女の葬儀に町中が参列したと言われている。

The Berkeley Arms
バークリー・アームズ

✧✧✧✧✧✧✧

中世から現代まで物語にあふれた名物パブ

中世の町テュークスベリーはどこに足を向けても興味深い歴史の宝庫なのですが、何気ない庶民パブのようにも見えるバークリー・アームズにも語るべきストーリーがあります。800年以上にわたって何度も改修が行われた建物のうち、現存する最も古い部分は店の奥に位置している11世紀の納屋。薔薇戦争の物語とも密接に関係していると言われ、ダイニング・ルームの暖炉の横にはそれを記念する白と赤のバラの紋章が刻まれています。1980年代には奥にあった密閉されていた小部屋が開かれ、床が19世紀の書物で厚く覆われていたそうです。また古い建物に付き物のゴースト・ストーリーもわんさか。現在はウィンウッド夫妻がオーナーとなり、地域になくてはならないコミュニティ・パブとして奮闘中です。

8 Church Street, Tewkesbury,
Gloucestershire GL20 5PA
電話：01684 290555
営業時間：月・水 14:00-21:00、
木・土13:00 -23:00、日 14:00-21:00
定休日：火
theberkeleyarms.pub

周辺エリアの自然史の標本コレクションに興味があるなら、ジョン・ムーア博物館は必訪。裏手にある15世紀のザ・マーチャント・ハウスも当時の店舗と住居の様子を伝えるミュージアムだ。

Tewkesbury, Gloucestershire GL20
visittewkesbury.info

Tewkesbury Town Walking
テュークスベリー　町歩き
⌄⌄⌄⌄⌄⌄⌄⌄

北西のはずれで不思議な町を発見する

今回の取材旅行でテュークスベリーほど新鮮な驚きのあった町はありません。「中世のテーマパークのよう」という表現では言い尽くせない何か。木骨で彩られたチューダー調の町並みは国内の他の場所にもありますが、雰囲気が明らかに異質なのです。オンボロの幌馬車が音を立てて走っているような、庶民感覚あふれるイングランドの田舎町。ただし、立派な教会と王室にまつわる歴史もあり、誇りのようなものもたくさん感じました。町の人々もとても気さくで親切。活気があるメイン・ストリートから一筋西に入ると、そこは打って変わってエイヴォン川の小さな流れを楽しむことができる静かな自然エリア。テュークスベリーをコッツウォルズに入れない人もいますが、エリアに来たらぜひ足を延ばしたい一押しの観光地です。

サウスゲート・ストリート5番地にある宝石店Bakerの上にある機械式時計。

Gloucester City Walking
グロスター 街歩き

ふたりの「Potter」が時空を超えて出会う

グロスターはコッツウォルズ丘陵の西端を流れるセヴァーン川の要所を守り、ウェールズへの足がかりだとローマ人が考えていたことから行政首都となって以来、2000年の歴史を刻んできました。イングランドの最重要都市の一つとして7世紀の昔から宗教施設ができ始め、教会の鐘の鋳造で中世から全国区で有名に。街の中心には「ハリー・ポッター」のホグワーツ魔法魔術学校のモデルとなった大聖堂がそびえ、その麓にはピーターラビットを生み出したビアトリクス・ポッター「グロスターの仕立て屋」縁の可愛らしいミュージアムもあって大人気。繁華街にはザ・クロスと呼ばれる十字路があり、かつては4つの教会が角に集まる神聖な場所でした。街の西側には運河が流れ、水路の街としての歴史も。知れば知るほど奥深い街です。

上／「グロスターの仕立て屋」のモデルとなった店がミュージアム兼ショップ「The World of Beatrix Potter」に。大聖堂のすぐ横にある。 下／ニュー・イン（P.75）の入り口にある趣のあるコーヒーショップでタイムスリップを。

Gloucester, Gloucestershire GL1
visitgloucester.co.uk

大聖堂は11世紀頃に現在の形に。この回廊が
ハリー・ポッター映画3作でホグワーツ魔法魔
術学校の一部として登場した。

グレート・イースト・ウィンドウは地元
アーティストによる鮮やかな現代ステ
ンドグラス。

12 College Green, Gloucester,
Gloucestershire GL1 2LX
電話: 01452 528095
開館日 : 月-土10:00 -17:00、
日 12:00 -17:00
休館日 : なし
gloucestercathedral.org.uk

Gloucester Cathedral
グロスター大聖堂
〜〜〜〜〜〜〜

王が王となるために必要な「スクーンの石」の避難場所

「ハリー・ポッター」のロケ地として有名なグロスター大聖堂は、7
世紀後半からその前身が設立された由緒正しき大聖堂。中を歩いて
みるとわかるのですが、巨大な柱がそびえるノルマン様式の身廊や、
壁や天井に施された精巧な彫刻群に目を奪われます。ゴシック様式
の彫刻としては最初期のもので、全国各地の教会のお手本にもなり
ました。王室では伝統的にウェストミンスター寺院で戴冠式が行わ
れますが、実はヘンリー3世の戴冠式はここ、グロスター大聖堂で
した。また戴冠式にはスコットランド由来の「スクーンの石」が必
要とされますが、第二次世界大戦中は爆撃を恐れてウェストミン
スター寺院からグロスター大聖堂に避難させていたそうです。2015
年に英国国教会史上初めての女性司教が誕生したのも、ここ。

The New Inn
ニュー・イン

✿✿✿✿✿✿✿

深く濃い歴史に彩られた巡礼者の宿

中世の面影を残すグロスター市内でも、大聖堂の命によって15世紀半ばに作られた旅籠「ニュー・イン」は、当時のまま保存されている貴重な建築です。これは大聖堂への巡礼者のために建てられた回廊式の宿であり、ここから修道院まで地下トンネルが通っているというまことしやかな噂まであります。スードリー城（P.62）の主であったキャサリン・パーの最後を看取った、「九日間の女王」として知られるレディ・ジェーン・グレイの王位継承が民衆の前で告知された数少ない場所としても有名。シェイクスピアの劇団がこの旅籠で公演したのではないかとも言われ、16世紀の当時は駅馬車が立ち寄る場所として相当賑やかだったようです。現在はリアル・エールが美味しいパブとして、B&Bとして余生を送っています。

上／時代劇に出てきそうな一画。地元の人にも人気だ。
左下／とても有機的なパブの内装。

New Inn, 16 Northgate Street,
Gloucester, Gloucestershire GL1 1SF
パブは毎日営業
thenewinngloucester.co.uk

Cheltenham チェルトナム

最寄駅：Cheltenham Spa

P.77左上／母屋のグレート・ホールは光を柔らかに採り入れるステンドグラスが美しい社交場。アフタヌーン・ティーをいただける。
P.77右上／グレート・ホールには近くのスードリー城に住んでいたキャサリン・パーの肖像画がかかる。暖炉の石は500年の歴史を秘めたオリジナル。
P.77左下／勝ち馬の名前が付いた部屋もある。これはVIPルーム。
P.77右下／「ライブラリー」と呼ばれる風格あるプライベート・ルーム。

Southam Road, Cheltenham,
Gloucestershire GL52 3NJ
電話：01242 545454
予算：£250 〜／1泊
アクセス：チェルトナム・スパ駅から車で約15分
ビッグ・イベント期間はホテルから競馬場まで送迎あり
ellenboroughpark.com

Ellenborough Park
エレンバラ・パーク

昔は貴族、今は馬主に愛される理想のカントリーハウス

王侯貴族ゆかりのカントリーハウス・ホテルとして、現在はチェルトナム競馬場に出入りする裕福な馬主の定宿として知られるエレンバラ・パーク。その始まりは15世紀末に農夫の男性がこのコッツウォルズ丘陵を見晴らす美しく静謐な場所に惚れ込み、せっせと家を建てた事実にあり、意外なスタートだと言えます。貴族の手に渡った後も、エレンバラ伯爵をはじめとする人たちがこの地を心から愛したとか。敷地内にはより伝統を感じる母屋の他にも増築された別棟があり、広々としたバスタブ付きの部屋に割安で宿泊できるのも嬉しい。カントリーサイドのホテルらしく、ぬかるんだ土地の散歩に欠かせない本格的なブーツを無料で貸し出す「ブーツ・ルーム」があることにも驚かされました。特別な心遣いを感じる、魅惑の宿。

イギリスでは王室がパトロンとして競馬をサポートしている。また馬の世話をする人は馬の数の3分の1程度もいる。とても行き届いた環境。

騎手がレースの合間にパドックで関係者と交流を持つ。

Cheltenham Racecourse,
Cheltenham, Gloucestershire GL50 4SH
電話：01242 513014
アクセス：チェルトナム・スパ駅から競馬場まで車で約10分。3月のザ・フェスティバルと11月のノーベンバー・ミーティング開催期間中は毎日チェルトナム・スパ駅⇔競馬場間を無料シャトルバスが運行。

thejockeyclub.co.uk/cheltenham

Cheltenham Racecourse
チェルトナム競馬場

競馬発祥の地で華やかに賭ける

イギリスにおける障害レースの最高峰、チェルトナム競馬場では毎年3月の「ザ・フェスティバル」と11月の「ノーベンバー・ミーティング」が人気です。ドレスコードもなく気軽にいけるお祭りなので、競馬の本場、イギリスで競馬体験をしたい方には一押し体験。特に緑したたるコッツウォルズ丘陵に囲まれたチェルトナムは世界的にも美しいレース場として名高く、すり鉢状にうねるレース場そのものの潔さは格別。3月のザ・フェスティバルではレディース・デーが設けられるのでお洒落を楽しみたい方にもぴったり。11月は男性ならツイードのスーツに鳥打ち帽、女性は秋冬の帽子にあでやかな鳥の羽根を着けるというのがお約束のようです。動物愛護の国ならでは、馬中心の競馬カルチャーも見どころ。

左上／客室は一つひとつ個性を持って
デザインされている。
右中／地元の若い層に大人気の「Gin
& Juice」。ジンの専門誌によって
2022年世界のベスト・ホテル・ジン・
バーに選ばれた。
右下／目抜き通り沿いに建つ3棟の
美しいジョージ王朝タウンハウス。

No. 131
ナンバー 131
✧✧✧✧✧✧✧✧

チェルトナムで一番ヒップな美食ホテル＆バー

「Superdry 極度乾燥（しなさい）」という不思議な響きの世界的ファッ
ション・ブランドが、チェルトナムの目抜き通りに全36室のブティッ
ク・ホテル「No. 131」を立ち上げました。創業者夫妻のデザイン力
で客室からレストランまでビシッと整え、お洒落に敏感な層の絶大
な支持を得て成長し、チェルトナム周辺のクリエイターたちのお気
に入りの場所に。近年は400種類以上のジンを取り揃えるバー「Gin
& Juice」のカリスマで、再び地元に君臨。金曜と土曜にはハウス
DJや特別ゲストが早朝まで演奏して盛り上がっているほか、ロン
ドンの凄腕シェフを呼んで日本食レストラン「YOKU」をオープン。
ますます勢いに乗っています。暖かい日にフロントのテラス席で道
ゆく人を眺めつつ、ゆっくりとワイングラスを傾けるのが定番。

131 The Promenade, Cheltenham,
Gloucestershire GL50 1NW
電話・01242 822939
予算・£160 ～／1泊
www.no131.com

ギャレスさんの料理はいつもクリーンで野菜の味も際立つ。

とてもシンプルで温かいお店。

16 Rodney Road, Cheltenham,
Gloucestershire GL50 1JJ
電話：01242 321639
営業時間：木-土 12:00-16:30 ／ 18:00-
24:30
定休日：日-水
予算：2コース £54、3コース £65
purslane-restaurant.co.uk

Purslane
パースレーン

心づくしのシーフードと季節のお料理

お肉屋さんの家に生まれたシェフ、ギャレス・フルフォードさんが
魚に魅せられ、16歳から各地の高級店で腕を磨き、最終的に全国
から人が訪れる黄金のガストロパブ「The Kingham Plough」（P.100）
のヘッドシェフを経て、ついに自身の店をチェルトナムにオープン。
イギリスの海岸線で獲れる魚介に愛と技術を注ぎ（主にコーン
ウォール産）、最高の状態で食べさせてくれるのがパースレーンで
す。魚と言えばタラやサーモンなど限られた種類しかないイギリス
の魚事情にもかかわらず、ここではシェフの努力で多彩な顔ぶれに
出会えるはず。持続可能な方法で採れる季節の農産物にこだわるの
はもう当たり前。多数のアワードを受賞しているギャレスさんの創
作料理を目指し、チェルトナム外からも大勢が押し寄せる名店です。

見ているだけで心躍る極上の自家製パン盛り合わせ。味も素晴らしい。

'Have nothing in your houses that you do not know to be useful or believe to be

The
Movement
Begins
—
Arts and
Crafts
in the
City

The Wilson Art Gallery and Museum

ウィルソン・アート・ギャラリー＆ミュージアム

チェルトナムを知るための世界的なミュージアム

19世紀末に開館したチェルトナムを代表する公共ミュージアムで
あるにもかかわらず「The Wilson」という名前が付いているのは、
チェルトナム出身の偉大なる南極探検家にして医師、芸術家である
エドワード・ウィルソンに敬意を表してのこと。2013年にリージェ
ンシー様式の建物が大々的に増築された後に改名。４つの新しいフ
ロアが誕生し、モダンな雰囲気に生まれ変わりました。欧州の絵画
や東洋の陶磁器、地元チェルトナムの歴史がわかる展示のほか、コッ
ツウォルズから出土した考古学的な宝物、アーツ＆クラフツ運動ゆ
かりの品、そしてエドワード・ウィルソンの南極探検にまつわる感
動的な展示などを常設ギャラリーで観ることができます。企画展も
年間を通して多数開催。チェルトナムの芸術発信地です。

見応えあるミュージアム。

The Wilson Art Gallery and Museum,
Clarence Street, Cheltenham GL50
3JT
電話：01242 528764
開館日：火-土 10:00-18:00、
日 10:00-16:00
休館日：月
入場料：無料
cheltenhammuseum.org.uk

左上／クルフィンは人気商品。こちらはラズベリー・クリームが爽やか。右下／フムス、赤パプリカ、アボカド、ポーチドエッグのシンプルな組み合わせが最高！ 木曜から土曜までは夜もオープンし、近隣にある人気のボトル・バー「Grape Escape」とのコラボで世界中のワインを飲みながらタパス・ナイトを楽しめる。

Baker & Graze
ベイカー＆グレーズ

レッツ・ベイク！ メアリー・ベリーもお気に入り

リージェンシー様式の豪華建築に見とれるザ・プロムナードからモンペリエ・ガーデンズを南へ抜けると、少し大人の雰囲気が漂うモダンな飲食エリアに出ます。その一画に、地元の人が通うとっておきの上質ベーカリー「Baker & Graze」が佇み、毎日のランチやコーヒータイムに活気を与えています。クルフィンやドーナツ、ブラウニーなど甘いものもおすすめですが、サワードゥを使った軽食にも定評あり。国民的なお菓子研究家で「ブリティッシュ・ベイクオフ」の元司会者、メアリー・ベリーさんも評判を聞きつけて訪れ、ランチを召し上がったそうです。旅の途中、地元の人と同じようにコーヒーとケーキで一休みしたいとき、ぜひ訪れてほしいお店です。

48 Suffolk Rd, Cheltenham, Gloucestershire GL50 2AQ
電話：07340 024493
営業時間：月-金 8:00-16:30、
土 8:30 -17:00、日 9:00-16:00
定休日：なし
bakerandgraze.com

Burford
バーフォード

Bibury
バイブリー

Kingham
キンガム

Chipping Norton
チッピング・ノートン

コッツウォルズらしさの宝庫

コッツウォルズを代表する風景に出会えるのが、北東エリア。例えば、坂道のてっぺんから緑の丘陵を見下ろす眺めのいいバーフォード。詩人が讃える珠玉のヴィレッジ、バイブリー。イギリスにおけるオーガニック農業の先駆けであり、カントリー・シックの仕掛け人でもあるデイルズフォード・オーガニックを擁するキンガム。そして羊毛産業で栄えた町の中でも代表格と言える賑やかなチッピング・ノートンがあります。その北には古代の環状列石ロールライト・ストーンズが佇み、ローマ人が来る以前の先史時代からこのエリア全体がいかに栄えていたかを、こっそりと教えてくれます。

Burford バーフォード

1960年に開館。「トルシー」とは商工会議所の意味で、市場の使用料を受け付けていた場所。

地元の産業などに紐づけられるさまざまな展示。バーフォードは反政府主義をとった庶民の一軍が立ち寄り、村のはずれにある教会内に拘束され、最終的には解散させられた村でもある。

126 High Street, Burford, Oxfordshire OX18 4QJ
電話：07899 837482
開館日：4-10月：毎日 14:00-17:00、
11・12月：土・日 14:00-17:00
休館日：1-3月、11・12月の月-金
入場無料
burfordtolsey.org

Tolsey Museum
トルシー・ミュージアム

あるヴィレッジの記憶、歴史をひもとく場所

北コッツウォルズの南に位置するバーフォードも羊毛で栄えた村。なだらかに傾斜するメインの通りから遥か向こうを見やると、コッツウォルズ丘陵の抒情豊かな風景が広がっています。郷土色あふれるショップやカフェの並びには築500年の市場跡があり、トルシー・ミュージアムとなって村の歴史を後世に伝えるべく有志らで運営されています。ヘンリー7世からの勅書や、地元の古い家をモデルにしたドールハウスなど、細々とした歴史遺物に思いを馳せたい場所。バーフォードはかつて清教徒革命の大きなうねりの中で自由を掲げる庶民が犠牲になった歴史があり、民主主義と平和への願いは他のヴィレッジよりも強いのでしょう。毎年恒例の文化フェスティバルでは著名な講演者や歴史家のディスカッションも行われます。

ラーディー・ケーキ(Lardy Cake)は見た目よりも軽く、ペロリと食べられる危険な美味しさ。伝統的には豚の油脂であるラードを使うが、ハフキンスは植物油脂でヴィーガンにも対応

Huffkins
ハフキンス

◆◆◆◆◆◆◆◆◆◆◆

19世紀から続くハフキンスの伝統、この地から始まる

コッツウォルズの風土の中で醸成された老舗ベーカリー、ハフキンスの評判は今や海を越え、世界各地へと轟いていますが、元をただせばこのバーフォードのお店から始まりました。愛され続ける定番品の中でもスパイスが豊かに香るねっとり系のティーブレッド「ラーディー・ケーキ」は見た目もインパクトがあり、一度は試してみたい名物です。また迫力あるスコーンは何世代にもわたって職人から職人へと引き継がれた古いレシピで作られ、バターを使わない軽さが身上。プレーンな味だからこそなめらかなクリームとジャムの甘さが引き立ち、えも言われぬハーモニーを奏でるのです。カフェに隣接するベーカリーではブランド・グッズも販売。130年の歴史を肌で感じたい人は、ぜひバーフォード本店へ！

1890年創業の老舗で現在も家族経営。勤続20年以上のパン職人が全体を監修している。

96-98 High Street, Burford,
Oxfordshire OX18 4QF
電話：01993 824694
営業時間：月-金 9:30-16:30、
土 9:00-17:00、日 10:00-16:00
定休日：なし
huffkins.com/pages/burford-cafe-
bakery

色とりどりの軽食に目移りするカフェ。

Burford Garden Company
バーフォード・ガーデン・カンパニー

ただものじゃないポッシュな園芸センター

バーフォード村中心部から歩いてすぐのところに、ゆっくり訪れたい素敵な園芸センター「バーフォード・ガーデン・カンパニー」があります。でも扱っているのは植物や園芸用品だけではありません。地元とゆかりのある上質の家具やインテリア＆キッチン用品、洋服やファッション小物、アート、ギフト、食料品まで、コッツウォルズに暮らすクオリティ志向の人々のライフスタイルを支える品々が、あふれんばかり。まさに田舎版の総合ショッピング・センターです。買い物に疲れたらぜひ光に満ちた「グラスハウス・カフェ」へ。敷地内で採れた野菜を使ったヘルシーなランチや素朴でナチュラルなケーキで息を吹き返すことができるはずです。「イギリスの中産階級的カントリーライフとは？」という問いへの答えが見つかる場所。

Shilton Road, Burford, Oxfordshire
OX18 4PA
電話：01993 823117
営業時間：月・土 9:00-18:00、
日 11:00-17:00
定休日：なし
burford.co.uk

1976年創業。打ち捨てられた農場を買い取り、植物の苗の販売から始めたビジネスがゆっくりと成長。この50年で地元ビジネスを支える重要な企業に。

上／モートン゠イン゠マーシュで誕生
し、現在店舗数は3つ。コッツウォル
ズのチーズ生産者の手によるものを
中心に120種類以上を揃える。チーズ
は贈答品としても大切な役割を演じ
る。
左中／コッツウォルズ産のグロスター
牛をはじめ、各品種からさまざまな風
味豊かなチーズが生まれる。
左下／美味しいチーズにはぜひ、自
家製チャツネを添えて。

113 High Street, Burford, Oxfordshire
OX18 4RG
電話：01993 823882
営業時間：月~土9:00-17:00、
日 10:00-16:00
定休日：なし
cotswoldcheese.com

The Cotswold Cheese & Co.
コッツウォルド・チーズ＆カンパニー

コッツウォルズ味のチーズボードを作ろう

英国には、確固としたチーズ文化があります。それぞれの土地に名
産品があり、牛や羊、山羊の品種だけ存在します。ですからコッツ
ウォルズを訪れたら、土地のチーズを専門家から購入すべきなので
す。例えばこの、ネズミのロゴがキュートなコッツウォルド・チー
ズ＆カンパニー。英国に伝わるアルチザン・チーズ産業をサポート
することを使命として2006年に誕生しました。英国でワインバー
に行くと当然のように数種のチーズを盛り合わせた「チーズボード」
がありますが、ハード、ソフト、ブルー、ゴートなどバラエティを
揃えることが基本。ダブル・グロスターやスティンキング・ビショッ
プ、ロールライトなど、コッツウォルズ産のチーズで揃えたチーズ
ボードはいかが？ きっときっと、お気に召すに違いありません。

Burford Woodcraft
バーフォード・ウッドクラフト

木材という生きた個性と、一期一会の出会い

現代英国における最高峰の木工アーティストたちを紹介して半世紀。メイン通りに店を構えるバーフォード・ウッドクラフトでは、店主の優れた感性でアーティストたちを見出し、実用的かつ楽しい、オリジナリティあふれるコレクションを展開中です。木の持つ温もり、年輪や自然由来の美しさ、その肌合いの個性に心が惹きつけられるとき、すでに自宅に持ち帰りたい作品と出会っているのです。ボウルや皿、宝石箱、デスク・アクセサリー、キッチン用品、ゲーム、玩具、家具、彫刻作品など、熟練から気鋭まで、ジェンダーを超えて優れたアーティストの作品だけが当店でディスプレイされています。作家と直でつながっているので、お値段が他に比べてリーズナブルなことも訪れたい理由の一つ。

上／訪れた日にフィーチャーされていたのは、ノーフォークの木工アーティスト、デニス・ヘイルスさんの作品たち。地元産のプラタナス、ヒイラギ、トネリコなどを使って美しいフルーツやボウルを創り出す。
左下／フロントの展示室。奥には小さな家具なども展示。
中下／自然界の動物や作物をかたどったアート作品もたくさん。

144 High Street, Burford, Oxfordshire OX18 4QU
電話：01993 823479
営業時間：月・水・土10:15-16:15
定休日：火・日
burford-woodcraft.co.uk

年月をかけて収集した道具が美しい。

コッツウォルズ・ウールは耐久性があ
り、美しく実用的。衣類、ラグ、クッショ
ン、ブランケット(スロー)などがある。

Cotswold Woollen Weavers, Filkins,
Gloucestershire GL7 3JJ
電話：01367 860660
営業時間：水・土 10:00-18:00
定休日：月・火・日
アクセス：バーフォードから車で約8分
cotswoldwoollenweavers.co.uk

Cotswold Woollen Weavers
コッツウォルド・ウーレン・ウィーバーズ

コッツウォルズ・カラーと羊と毛織物と

じんわりとした温もりを感じるウールや手仕事を愛する人なら、絶
対に訪れていただきたい美しい工房兼ミュージアム、そしてショッ
プ。バーフォード郊外のフィルキンス村の静かな一画に、18世紀
の農家と納屋を利用した素晴らしく趣のあるスペースが奇跡のよう
に存在しています。まず第一に、ここは現役稼働しているデザイン
工房です。次に古い織り機や道具を展示したミュージアムであり、
かなりの商品数を扱うショップでもある。ぐるりと見て回るだけで
コッツウォルズ産の羊や羊飼いにまつわるフォークロアの知識を得
られる仕組み。これも業界で長年活躍されているオーナーさんが収
集した宝の山のおかげなのです。コッツウォルズの自然が紡ぐ色、
質感を、全ての商品が反映し、過去と未来を見せてくれます。

1982年の創業以来、高級ウール生地のデザインと
製造を行っている場所。カフェも併設。

若き共同オーナーのトム・ノエストさんはカントリー・パブの食事
がどうあるべきかを考え抜き、現在の形を創り上げた努力の人。

パブのあるラングフォード村はコッツ
ウォルド・ウーレン・ウィーバーズ
（P.92）から車で約5分、歩いて30分
ほどの距離なので、抱き合わせで訪
れても。

The Bell Inn, Langford,
Gloucestershire GL7 3LF
電話：01367 860249
営業時間：月-金 12:00-14:30 ／ 18:00-
21:30、土12:00 -15:00 ／ 18:00-22:00、
日 12:00-16:00 ／ 18:00-21:30
定休日：なし
アクセス：キンガム駅から車で約4分
thebelllangford.com

The Bell Inn
ベル・イン
〜〜〜〜〜〜〜

新時代のカントリー・パブを定義する

現在コッツウォルズでは一時代を終え、新たなオーナーさんを得て
華麗に再生するパブがあちこちで立ち上がり注目されています。そ
の最たる例が、このベル・インではないでしょうか。コッツウォル
ズで生まれ育ち、あるパブの同僚として出会ったピーター＆トムの
デュオが2017年末にベル・インを購入し、新章をスタート。ピーター
さんがマネージメントを、トムさんが21世紀のパブ料理を担当し、
モダンなカントリー・パブを創り上げました。地元色たっぷり、あっ
たかホスピタリティ、極上の料理で全国紙から絶賛の嵐。瞬く間に
コッツウォルズきってのスター・パブに。以後5年のうちにエリア
内に5軒のパブを運営する大成功を収めています。ロンドンのガス
トロパブとは違う個性を発揮し、地元でめきめき成長中。

Arlington Row
アーリントン・ロウ
〜〜〜〜〜〜〜〜〜

イングランドの心象風景を永遠に紡ぐバイブリー

ホビットが「やぁ」と小さな扉を開けて顔を出してもごく自然に挨拶を交わせそうな家並みが、バイブリー村にあります。川の辺りに佇むアーリントン・ロウと呼ばれる小さな石造りのコテージ群です。もともと羊毛の倉庫として1380年頃に建てられ、17世紀に織工たちの工房兼住まいとなるよう改装された場所で、数世紀を経ても変わらぬ佇まいに今ではイングランドの心象風景を求める人たちの巡礼地に。バイブリーは牧歌的イングランドを肌で感じたい人の理想郷として、未来永劫残っていくことでしょう。またすぐ近くにあるセント・メアリー教会は歴史好きなら必訪。村の散策中にお腹がすいたら、21世紀の最新カフェ「The Twig」で、都会的な香りのするサンドイッチとコーヒーでリフレッシュしてみてください。

上／アーリントン・ロウ9番地はセルフケータリングの宿泊施設。昔の暮らしを追体験できるはず。
下／コルン川の清流に洗われ可憐な輝きを放つバイブリーは、ウィリアム・モリスのお気に入りでもあった。目の前にある湿地帯で展開されるワイルドライフも見どころ。

Arlington Row, Bibury, Cirencester, GL7 5NJ
アクセス：バーフォードから車で約20分、サイレンセスターから約15分
bibury.com/arlington-row

Kingham キンガム

最寄駅：Kingham
駅から車で約5分、徒歩で約25分（タクシーは事前予約）

敷地内は広く、バンフォード・ブランドのキャンドルや洋服、切り花などを扱う別棟もある。

Daylesford Farm, near Kingham,
Gloucestershire GL56 0YG
電話：01608 731700
営業時間：月～土 8:00-20:00、
日 9:30-17:00
定休日：なし
アクセス：キンガム駅から車で約7分
daylesford.com

Daylesford Organic
デイルズフォード・オーガニック
〰〰〰〰〰〰〰

コッツウォルズから地球主義を叫ぶ

この20年で英国オーガニック市場を大きく進化させた功労者が、コッツウォルズを創業拠点に現在ロンドンにも5店舗を展開しているデイルズフォード・オーガニックです。このアイディアを実現したのは英国産業界の重鎮であるバンフォード家のキャロル・バンフォードさん。地球のリズムに合わせ調和のとれた暮らしをすることで、人も地球も持続可能になるという理念のもとにデイルズフォードの地を有機農場に転換し、2002年に立ち上げたオーガニック農場兼ショップ。これまで本当にたくさんのアイディアと商品がここから生まれてきました。農場直送の新鮮食材をいただくカフェ・レストランを併設、周囲には小さな動物ファームもあり。お洒落で先進的なライフスタイルを牽引する素敵なブランドです。

キンガム村から農道を歩いて北上し、ファーム・ショップ
に辿り着くこともできる。徒歩30分くらい。ただしぬかる
みもあり、きれいなタウン・シューズは向かない。

オーナーのキャロル・バンフォードさんが1970年代から育んだ哲学が大きく花開いた場所。創業から10年。今も変わらず美味しい料理に出会える。

The Wild Rabbit
ワイルド・ラビット

大地の鼓動を感じるラグジュアリー・パブはお好き？

田舎には時としてありえない幸運がもたらされるようです。たった600人足らずが暮らす静かなキンガム村には2つのパブがあるのですが、両者ともにとびきり美味しい料理を出すことで、全国区で有名なのです。一つがこのワイルド・ラビットで、有機農場Daylesford Organic（P.96）直営。この豪華ダイニングでいただけるのは産地直送、極上の旬。伝統品種の果物や野菜、平飼い鶏、牧草で育てられた牛、子羊、鹿などの希少な在来種が食卓を彩ります。キッチンを統括するのはロンドンをはじめ英国内の二つ星レストランを経験しているサム・バウザーさんで、グループの食は彼が全面監修。運営には再生可能エネルギーを使用し、食品廃棄物はできる限りゼロに。カントリーシックの極み、ここにあり。

Church Street, Kingham, Oxfordshire
OX7 6YA
電話：01608 658389
営業時間：レストラン 水-日 12:00-14:00
／ 19:00-21:00（日のランチは14:30まで、
月・火も軽食ランチはあり、パブは毎日
8:00-0:00）
定休日：なし
アクセス：キンガム駅から車で約4分
thewildrabbit.co.uk

18世紀の建築を利用したワイルド・ラビットには
コテージを含め15の美しい客室がある。

上／オーナーのマット&ケイティ夫妻
はロンドンをはじめ英国内の一流ホテ
ルやレストランで経験を積んできたベ
テラン。おもてなし、料理のプロだ。
下／食材は国内の名産地から取り寄
せている。サワードゥ・パンを除き、
ソースもチャツネもすべて自家製。

The Green, Kingham, Oxfordshire
OX7 6YD
電話：01608 658327
営業時間：月・土 12:00-14:30 ／ 18:00-
21:00、日 12:00-15:00 ／ 18:00-20:00(パ
ブは8:30から通しで営業)
定休日：なし
アクセス：キンガム駅から車で約4分
thekinghamplough.co.uk

The Kingham Plough
キンガム・プラウ

～～～～～～～

ガストロノミーを謳歌する伝統のパブ・ホテル

キンガム村で17世紀から庶民を迎えていたオリジナルのパブがこ
ちら。その田舎パブ兼宿屋に転機が訪れたのは2007年のことです。
ミシュラン三つ星のキッチンを経験した女性シェフが縁あって新し
い共同オーナーとなり、あれよあれよという間にキンガム・プラウ
は美食パブ&ホテルに変身しました。2019年から同じく食業界の
プロであるビーミッシュ夫妻が新オーナーとなり、現在、第2世代
の新生キンガム・プラウが同様の路線を引き継ぎ快進撃を続けてい
ます。2023年からは五つ星ホテルやガストロパブを経た女性シェ
フが、英国ならではのパブ料理をエレガントに整えて提供中。気取
らない庶民路線で地元の人にも大人気です。この静かな村に宿泊す
ると、早朝に馬で散歩する人に出会えるかも。

Chipping Norton チッピング・ノートン

最寄駅：Kingham
駅から車で約12分（タクシーは事前予約）

天井近くをぐるりと
取り囲むこの採光
窓は、シンプルな
幾何学模様に目を
奪われるステンド
グラス。青や緑の
グラデーションがと
ても美しい。

南側にある珍し
い六角形の入り
口には、さまざ
まなグロテスク
な顔が組み込ま
れた15世紀の
アーチ型天井が
ある。

高度な技術を誇ったステンドグラス工房
「クレイトン＆ベル」による「創造」という
作品は大きな見どころ。

Church Street, Chipping Norton,
Oxfordshire OX7 5NT
電話：01608 646202
開館日：毎日
休館日：なし
アクセス：キンガム駅から車で約12分
stmaryscnorton.com

St Mary's Church
セント・メアリーズ教会
✦✦✦✦✦✦✦✦

ときには自分だけのお気に入りを探して

西洋の教会を訪れて感銘を受けるのは、そこが時代を超えた職人
アーティストたちのギャラリー空間だと気づくときです。英国最古
類の多くの教会は7世紀以前にはすでに前身ができており、徐々に
改築され、中世になるとお金持ちがうんと頑張って時代の流行を取
り入れたり、こっそりオカルト的な意匠を施したりするわけです。
ここコッツウォルズの場合は、羊毛商人のお大尽の献金で成る教会
もありました。チッピング・ノートンを守護するセント・メアリー
ズ教会も、そんな「ウール（羊毛）教会」の一つ。各時代で意匠が異
なり、特に19世紀の人気ステンドグラス工房による信仰がテーマ
の作品は目を引きますが、私のお気に入りは天井近くにはめ込まれ
た青のさざなみを楽しむ採光窓。いつまでも眺めていたい色彩です。

The Rollright Stones

ロールライト・ストーンズ

石になった王様とささやきの騎士たち

英国全土に点在する謎の古代遺跡のお話をしましょう。主だったものにウィルトシャーのストーンヘンジ、オークニー諸島の石器遺跡などがあり、先史以前を知るための重要な歴史浪漫スポットとなっていますが、コッツウォルズの北の端にある「ロールライト・ストーンズ」も、愛好家たちを惹きつける太古の遺跡の一つです。考古学的には紀元前数千年前までさかのぼると言われ、直径32メートルのストーンサークル「キングス・メン」、単体の岩「キング・ストーン」、ドルメン（墳墓）「ささやきの騎士たち」の3つの構成要素から成り、それぞれが少し離れた場所に位置しています。天下取りの時代、奢った王様と兵士たちが魔女によって石にされたという伝説と紐づけられていますが、さて、全ては未だ、謎のまま。

The Rollright Stones, Oxfordshire OX7 5QB
オープン日：年中無休
入場料：大人£1、子ども（7-16歳）50p（オンライン支払い）
アクセス：モートン＝イン＝マーシュ駅から車で約11分
rollrightstones.co.uk

写真は全て「キングス・メン」のストーンサークル遺跡。魔女の会合のような後付けインスタレーションも。周辺地域から産出する石灰岩で作られている。ここから歩いて5分程度のところにその他の遺跡が佇む。

© Blenheim Palace 2020

イギリスを代表するバロック様式の宮殿は1722年に完成、部屋数200以上。1987年に世界遺産に登録。壮大なランドスケープ・ガーデンを楽しめるほか、敷地内では年間を通してさまざまなイベントが催される。

第4代マールバラ公爵の肖像画が飾られたグリーン・ドローイング・ルーム。

Blenheim Palace
ブレナム宮殿

第12代マールバラ公爵邸へようこそ

一介のジェントリ階級だった男が公爵となり、「宮殿」に住むことになった歴史絵巻が興味深い英国きっての壮麗なカントリー・ハウス。その建物の規模と、周囲を取り囲む景色にあっと驚いてしまいます。その男とは、ジョン・チャーチル。目覚ましい戦功によって出世し、マールバラ公爵の称号と、屋敷を建設するための土地と建設資金を王室より下賜され、このブレナム宮殿ができあがりました。その華麗なる一族の物語を垣間見る見事なグレートホール、歴史書の宝庫ライブラリー、家族の礼拝堂のほか、広大な人工湖を含む風景式庭園は最大の見どころ。第二次世界大戦中の英国首相であったウィンストン・チャーチルは一族の末裔であり、ここで生まれました。戦術に長けているのは初代公爵譲りなのかもしれません。

Blenheim Palace, Woodstock,
Oxfordshire OX20 1UL
電話：01993 810530
開館日：宮殿は毎日 10:30-15:45（敷地は9:00オープン、17:30閉館）
休館日：なし
入場料：大人 £35、子ども（3-16歳、2歳以下は無料）£20、65歳以上 £33
※要事前オンライン予約
アクセス：ハンバラ駅からBlenheim Palaceまでバスで約20分、そこから徒歩約10分。またはハンバラ駅から車で約7分
blenheimpalace.com

South Cotswolds
南コッツウォルズ

Cirencester
サイレンセスター

Ampney Crucis
アンプニー・クルーシス

ローマに通じる古都

コッツウォルズ地方の面積は東京都とほぼ同じ。都内全域が緑の丘陵だと想像してみると
なかなか感慨深いのですが、その「コッツウォルズの首都」とも呼ばれるのが、丘陵のちょう
ど中心あたりに位置しているサイレンセスターです。肥沃で見晴らしの良いこの土地はかつ
て、ローマの人々のお気に入りでした。ローマ人は各所で暮らしの礎を築き、現在のイング
ランドはその恩恵に預かっているのですが、その歴史を垣間見せてくれるのがコリニウム博
物館。さらにローマ時代の暮らしを知りたいなら、ここから北へ車で25分ほど行った、非常
に良く保存されているローマ遺跡「チェドワース・ローマン・ヴィラ」を訪れてみてください。

Cirencester サイレンセスター

街の中心にあるマーケット・プレイスでは月曜日と金曜日に一般マーケットが立ち、毎月第2・第4土曜日にファーマーズ・マーケットが開催される。広場に面したコーン・ホールでは毎週金曜日に人気のアンティーク・マーケットが開催されるほか、毎日小さなマーケットやバザーが開催される。

Cirencester, Gloucester GL7
cotswolds.com/plan-your-trip/towns
-and-villages/cirencester

Cirencester City Walking
サイレンセスター 街歩き

「コッツウォルズの首都」の誇り

紀元後すぐ、イングランドにはローマ人たちが侵攻してきてあっという間に各地にローマン居住区ができました。戦略的に優れたロケーションにあると見なされたサイレンセスターはローマ街道の要所となり、最盛期にはロンドンに次ぐイングランド第2の都市となった華やかな歴史も秘めています。その時代、街はローマ風に「コリニウム・ドブンノルム」と呼ばれていたことから、ローマ時代の遺跡を集めたミュージアムにはコリニウム博物館と命名。そんな歴史から「コッツウォルズの首都」と呼び習わされ、今も羊毛で栄えた時代と同じように賑わいをみせています。カントリーサイドの散策に飽きたなら、ここは買い物を楽しむのにうってつけの街。特に工芸品やグルメ食材など地方の名産品が狙い目です。

左／マーケット・プレイスに面したセント・ジョン・バプティスト教会。はちみつ色のコッツウォルズ・ストーンでできている。

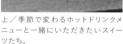

上／季節で変わるホットドリンクメ
ニューと一緒にいただきたいスイー
ツたち。
右下／歴史あるサイレンセスターの
街。

Jacks

ジャックス
✧✧✧✧✧✧✧

コリニウム博物館に隣り合わせるヒップな人気カフェ

歴史あるサイレンセスターで最も古い通りの一つ「Black Jack
Street」沿いにあるJacksは街で一、二を争う人気のカフェであり、
伝統とモダンの両方を併せ持つカリスマ店でもあります。目移りす
るようなスイーツの数々はここの名物。また才能あるシェフが創意
工夫を凝らす軽食も若い世代を中心に人気で、2020年から新しい
オーナーさんのもとに個性を磨いています。カフェの奥スペースの
壁の向こうには、サイレンセスターがかつて「コリニウム・ドブン
ノルム」と呼ばれるローマ人の街だった時代につながるコリニウム
博物館があり、数々の歴史遺物を展示しています。中でもローマ時
代のモザイク・コレクションは大規模かつ保存状態も良く圧巻。ロー
マ時代と関わりの深いコッツウォルズならではの博物館です。

44 Black Jack St, Cirencester,
Gloucestershire GL7 2AA
電話：01285 640888
営業時間：毎日 9:00-16:00（食事は
15:00まで）
定休日：なし
jackscirencester.co.uk

Sheep & Chic
シープ&シック

若い家族で経営するお店。スタッフ全員がとてもフレンドリー。

羊毛に埋もれる夢を見る

羊毛で栄えたコッツウォルズの「首都」、サイレンセスターにこのお店がなければ、どんなに寂しいことでしょう。2015年夏、若きポーランド人一家が羊の革や毛を使って家具やインテリア雑貨、ラグ、ジャケットや帽子、バッグなどのファッション・アイテムを製造販売するお店を街の中心にオープンしました。英国内はもとより、上質のスキンをアイルランド、スウェーデン、アイスランドなどから取り寄せ、全ての商品を自分たちでデザインし、裁断し、制作するという優れたスキル集団による創作。店内は温もりを感じるアイテムでいっぱいです。隣には街のクラフトを一手に紹介する伝統のマーケット・ホール「Corn Hall」があるのでぜひ立ち寄り、文化都市サイレンセスターの醍醐味を味わってください。

Unit 10&11, 26 Market Place,
Cirencester, Gloucestershire GL7
2NY
電話：07455 011109
営業時間：月-土 10:00-17:00
定休日：日
sheepnchic.co.uk

上／作家さんの顔が見えてくるアイテムたち。シーナ＆ルイーズの創業デュオが方々へ足を運んで集めてくる作家の作品が揃う。
下／隠れ家的な通り沿いにあるキュートなお店。

9 Silver Street, Cirencester,
Gloucestershire GL7 2BJ
電話：01285 658225
営業時間：月-土 10:00-17:00
定休日：日
made-gallery.com

m.a.d.e
メイド

あなただけのメイド・イン・ブリテンを見つけに

m.a.d.e（Makers And Designers Emporium）は英国生まれのデザイナーズ・クラフト作品を扱う小さな百貨店。創業から15年以上にわたってすでに250組以上の個人や小規模メーカーを扱い、彼らが愛を持って送り出す品々を正しいオーナーの手に渡す手伝いをしてきました。ホームウェア、ギフト、アート、文房具、キッズ用品まで各種揃う中でおすすめは、ジュエリーやアクセサリー、ファッション小物のラインナップ。自らもデザイナーであるオーナーさんたちが一人ひとりの作家さんたちと向き合い、デザイン力のある作品を集め、キュレートしています。お手頃価格のものが多いので、自分や親しい人への「1点もの」のお土産を求めている方、個性を引き立ててくれる何かをお探しの方に最適。出会いは必ずあります。

上／2013年に設立されて以来コッツウォルズの最優秀独立系小売業者賞ほか数多くの賞を受賞。カフェやバーも併設され、ドライブスルー・サービスも設置。　下／自社商品や地元ブランドを数多く扱う。

Jolly Nice Farmshop & Kitchen,
Frampton Mansell, Gloucestershire
GL6 8HZ
電話：01285 760868
営業時間：毎日 8:00-20:00
定休日：なし
アクセス：サイレンセスターから車で約15分
jollynicefarmshop.com

Jolly Nice Farmshop & Kitchen

ジョリー・ナイス・ファームショップ＆キッチン

地球にやさしい、みんなにおいしい地元グルメ

コッツウォルズに暮らす友人知人が口を揃えておすすめしてくれたジョリー・ナイスは、産地直送の生鮮食品とクラフト保存食品などをキュレートしてお届けするセレクト・ファームショップ。他では見つけられない地元グルメのお土産をお求めなら、ジョリー・ナイスほどふさわしい場所はありません。持続可能な優れた食品と飲料をサポートするため農家の第3世代が始めたファームショップはいつしか地球にやさしい農産物を愛するイギリス人たちの絶大な支持を獲得 。季節の野菜や果物はもちろん、牧草で育てられた希少在来品種の精肉などを扱い、新鮮なミルクで自家製アイスクリームも製造。敷地内にはテント型のカフェやバーを設置して毎日営業し、地元の人々の買い物スポットとして賑わっています。

115

16世紀と17世紀のスタイルを組み合わせ、19世紀の様式を取り入れた英国古典リバイバルの庭園。

上／ローズマリーさんはチャールズ国王が所有するテットベリーのハイグローブ・ガーデンズ（P.126）の庭園作りにアドバイスしたという逸話がある。下／優雅なアフタヌーン・ティーをお庭で。

©Mariko Yasuda

Barnsley House
バーンズリー・ハウス

✦✦✦✦✦✦✦✦

ローズマリーの庭をゆったり行けば

かつてヘンリー8世の所領であった小さなヴィレッジ、バーンズリーにこの美しい屋敷が建てられたのは17世紀のこと。現在は全18室の美食を楽しめるブティック・ホテルとしてその名を轟かせています。上質の滞在に花を添えるのが、宿のアイデンティティにもなっているガーデンの探検。ここに暮らしていた前オーナーのローズマリー・ヴェリーさんが、素人らしい大胆なアプローチで思うままにデザインして1970年代に完成させ、国民的ガーデン・デザイナーとしてのキャリアをスタートさせるきっかけとなりました。ロマンチックなキングサリの小道、池のほとりのフォリー、そして牧歌的な家庭菜園など、古い様式と現代的なアイディアを組み合わせた折衷主義が随所に光っています。

Barnsley House, Barnsley, Gloucestershire GL7 5EE
電話：01285 740000
予算：£380 〜／1泊
アクセス：ケンブル駅から車で約9分、サイレンセスターから車で約10分
barnsleyhouse.com

Ampney Crucis
アンプニー・クルーシス

最寄駅：Kemble
駅から車で約15分（タクシーは事前予約）

上／「The Old Bakery」と書かれた石造りの可愛い家屋は1寝室のホリデーコテージ。Bakery Cottageで検索。P.119右上／独特の雰囲気をたたえるホリー・ルード教会（聖十字架教会という意味）。13世紀以前のものと思われる。北翼廊にある古びた中世の壁画はイングリッシュ・ヘリテージが熱心に保存作業に取り組んでいる。

Ampney Crucis
アンプニー・クルーシス
〰〰〰〰〰〰〰

コッツウォルズの今を映す珠玉のヴィレッジ

「あまり知られていない村に行きたい」という単純な思いから見つけたのが、この素敵なアンプニー・クルーシス。まずそのサウンド。少し神聖な響きがあります。地図とにらめっこすると小川が流れ、立派な教会もパブもある。実際に訪れると、そこには真正のコッツウォルズが横たわっていました。まずは鄙びたホリー・ルード教会を訪れ、中世へと旅をしましょう。教会を出て村を歩くと美しく刈り込まれた植物の塀が続き、裕福な村であると確信します。アンプニー・ブルック川の清流沿いにはパブが佇み、その並びに周囲に溶け込むように新しい施設が寄り添っていました。調べると業界最旬のブティック・ホテル「Wild Thyme & Honey」！ ロンドンの精鋭チームによる新事業とかで、目のつけどころに脱帽した次第です。

Ampney Crucis, Gloucestershire GL7
ampneycrucis.org.uk

118

下／アンプニー・ブルック川沿いには16世紀のカントリーインを利用したガストロパブ「The Crown At Ampney Brook」が佇む。同じ敷地内に2021年末創業の「Wild Thyme & Honey」が営業中。

上／1998年に再建されたイーグル・
ハウスの一部。高台からの眺めを楽し
める場所。

Painswick Rococo Garden,
Painswick, Gloucestershire GL6 6TH
電話：01452 813204
営業時間：4-10月：木-日 10:00-17:00
（10月は16:00まで）、
11-3月：土・日10:00-16:00（現地学校が
休みの期間は毎日営業）
定休日：年間を通して営業日・時間が変
わるので訪問前に要確認
入場料：大人 £10.5、子ども（4-16歳）
£4.9、シニア（60歳〜）£9.4
アクセス：ストラウド駅から車で約15分
rococogarden.org.uk

Painswick Rococo Garden
ペインズウィック・ロココ・ガーデン

田舎紳士のパーティー・ガーデンで遊ぶ

今も昔も自宅の庭はイギリス人にとって大切な城の一部。主人の趣
味を披露して楽しいひと時を過ごすパーティーの背景です。ペイン
ズウィックという小さな村にあるペインズウィック・ハウスでは18
世紀の遊び心あふれる田舎紳士が当時ファッショナブルだったロコ
コ様式の庭を造って人を呼ぼうと画策。田園を見晴らす起伏のある
敷地におとぎ話に出てくる小屋のようなフォリー、ピジョン・ハウ
ス、メイズなどを配し、楽しげなガーデンを造りました。歳月を経
て荒廃が進んだものの、新たなオーナーさんがまたまた遊び心を発
揮し、創建当時のデザイン画を使って再建を試みたのが1980年代。
周囲の風景を抱き込む広大な庭は、冬でさえ可憐なスノードロップ
が咲き乱れる楽園としてユニークな名所となっています。

「イギリス人にとってのロココ」をじっくりと堪能できる散策向けのお庭。野外シアターも折に触れて開催。納屋を利用した素敵なカフェは2024年春に再オープン予定。

Tetbury
テットベリー

Malmesbury
マームズベリー

ロイヤル・コネクションの地

コッツウォルズは富裕層が別荘を構えたがる場所としても有名で、そこには王室メンバーも含まれます。アンティークの町、テットベリー周辺にはチャールズ国王の別邸やアン王女の自邸などがあり、コッツウォルズで最もロイヤル度が高いのがこの辺り。そこからほんの10分程度のドライブで到着するマームズベリーは、9世紀にウェセックス王国のアルフレッド大王からイングランド最古の自治区として認可を受けており、周辺を本拠地としていたイングランド最初期の王様が眠る修道院もあります。何かとロイヤルなイメージが強い、コッツウォルズ南部なのです。

アンティークだけれど現代の家にしっくりくるカントリーシックが特徴。自然の風合いを大切に。

ロンドンのオークションハウスで働いた経験と芸術史の知識を生かす、フレンドリーなエマさん。世界中に発送しているので相談してみてください。

Lorfords, Hangars 2, Babdown
Airfield, Tetbury, Gloucestershire
GL8 8YL
電話：07941 776474
営業時間：月-土 9:00-17:30
定休日：日
leschallas-antiques.co.uk

Emma Leschallas Antiques
エマ・レシャラス・アンティークス

ナチュラル色のアンティークに癒されて

コッツウォルズきってのアンティーク・タウン、テットベリーでは、歩くだけで何軒もの個性あふれる店を見て回ることができますが、膨大なアイテムの中から自分だけのお気に入りを見つけたいと思う勇気があるなら、町から10分のドライブで到着するアンティーク・モール「Lorfords」は必訪。英国最大のアンティーク・ディーラーであるローフォードでは独立ブランドとの協働で5000以上のアイテムを扱っていますが、中でも私のお気に入りはチャーミングなオーナー鑑定士のエマさんがキュレートする「エマ・レシャラス・アンティークス」。17世紀から20世紀までのフランスとスウェーデンの品々は彼女の美意識でセレクトされ、なぜかいつも懐かしげなセピア色。きっとご縁のある品に結び付けられるはずです。

コミュニティ感覚あふれるカフェ。テラス・ガーデンに続く開放感のある空間が愛されている。

軽食もケーキもシンプルだけど丁寧に作られた上質の味わい。

Cafe 53 + Domestic Science
カフェ 53 ＋ドメスティック・サイエンス

テットベリーらしい朝のコーヒーとライフスタイル雑貨

地中海風ウォーターガーデンを望む明るいダイニング・スペースを目指し、地元のアンティーク・ディーラーたちが通うようになってもうじき20年。じわじわと評判が広まり、今では遠方からの旅行者も惹きつける人気者に。お目当ては産地直送の新鮮な食材を使った軽食や、コッツウォルズに根を下ろすアルチザン・ベーカリー、Hobbs House Bakery（P.129）のパンや自家製ケーキ。カフェだけでなく元アンティーク・ディーラーの女性がセレクトした趣味の良いライフスタイル雑貨店も併設されていて、お茶の合間にお土産ハントもできる有り難いお店なのです。注目はカルトな人気を誇る国内パフューマーによる香りのプロダクト、ヴィンテージ雑貨やファッション小物など。たくさんのステキに出会えます。

53 Long Street, Tetbury,
Gloucestershire, GL8 8AA
電話：01666 502020
営業時間：月-土 9:00-16:00、
日 9:30-15:00
定休日：なし
予算：ランチ £9 〜
cafe53.co.uk
domesticsciencehome.co.uk

© Highgrove Gardens

合計で6万平米の広さを誇る庭園は殺虫剤を使用しない害虫駆除法での運営、再生可能エネルギーによる電力供給、廃棄物リサイクルの徹底、雨水の灌漑利用などを特徴とするサステナブル・ガーデンの先駆け。

町の目抜き通りロング・ストリート10番地にあるHighgrove Shopではあらゆる関連商品が揃う。

Highgrove Gardens, Tetbury, Gloucestershire GL8 8TN
電話：01666 501900
営業時間：3 - 9月：9:00-17:00（不定期）、日 10:30-16:30（期間中の限られた日数のみ）
休業：10 - 2月
ツアー料金：基本ツアーは£22、その他ランチ付きなど各種
ツアー申し込み：下記ウェブサイトから申し込みを
highgrovegardens.com/pages/book-events-garden-tour-evouchers
ツアー当日の注意：Eチケット、写真付き身分証明書（パスポート）の持参が必要
highgrovegardens.com

Highgrove House & Gardens

ハイグローブ・ハウス&ガーデンズ

王様は「グリーン・フィンガー」

2022年に誕生した新国王チャールズ3世が王太子時代に心の拠りどころとしていた私邸であり、王自身の自然への敬意が反映されている神聖な場所が、テットベリー郊外にあるハイグローブ・ハウス&ガーデンズです。現役王族が手をかけた世界最高峰の名園は専門家によるツアー案内という形で一般公開されており、大変な人気。チャールズ国王と言えば有機農場ブランド「ダッチー・オリジナルズ」を創設した環境保護主義者としても知られるように、この庭もあらゆる面で環境に優しい運営方針を貫き、例えば園内に放たれた180羽の鶏が自然との架け橋となり、生まれた卵がティールームで調理されショップで販売されるシステムがあります。テットベリー中心部にある直営のハイグローブ・ショップでは、幅広い品を販売。

1980年にチャールズ王太子（当時）が購入したハイグローブは18世紀末建造のジョージアン・ハウス。故ダイアナ元妃と二人の子どもたちもここで家庭生活を送り、王太子手ずからガーデニングに携わる場所。

127

名物のミラノ風カツレツ。トマト・
サラダとのバランスが絶妙。

中／かつて羊毛商人が取引をした古
いマーケット・ハウスを望むカウン
ター席。遅い午後はカフェとして使っ
てもOK。ケーキも美味しい。
下／オーナーシェフのデイヴィッドさ
ん。ロンドンの金融マンから転身して
ビストロのオーナーシェフになった経
歴に誇りを持つ。

1 Long Street, Tetbury,
Gloucestershire GL8 8AA
電話：07976 412248
営業時間：水12:00-15:00、
木〜土12:00-15:00 ／ 19:00-21:00
定休日：日〜火
quaylescornerhouse.com

Quayles Cornerhouse

クエイルズ・コーナーハウス
〰〰〰〰〰〰

食材に語らせるシンプル・メニューに舌鼓

休暇先でこんなラブリーな家族経営レストランに出会えたら最高！
心底そう思える、誠実で美味しく気取らない良店が、クエイルズ・
コーナーハウス。ハーバート夫妻によるカジュアルなビストロは
2006年にデリカテッセンとしてスタートし、やがて「テットベリー
で食事ならここ」と言われるほどの人気レストランに成長。「素材本
来の味を思い出させてくれる料理」という明確なコンセプトのもと、
旬の食材と相談しつつオーナーシェフのデイヴィッドさんが腕をふ
るってくれます。外の景色とつながる窓際のカウンター席は約400
年の歴史を誇る町のランドマーク、マーケット・ハウスが見える特
等席。サクサクのミラノ風カツレツをいただきながら、ゆったり過
ごすのがおすすめ。

パンにより深い風味を与える
ため生地を一晩かけて発酵
させる伝統製法を採用。

Hobbs House Bakery
ホッブス・ハウス・ベーカリー

セレブリティ兄弟を輩出したBコープ・ベーカリー

近年イギリスでは社会貢献型のベーカリーが増えています。シンプルな素材に向きあいパンを作る行為そのものが人を癒し、生きる力を与えるとの考え方から職業訓練としてのパン作りがあり、また余剰の商品を必要な場所に寄付する貢献もあります。ブリストル発でコッツウォルズにこのテットベリー店を含め3店舗を展開する家族経営のホッブス・ハウス・ベーカリーは、近年のこういったトレンドに先駆け、すでに地域社会へ計り知れない貢献をしてきた創業100年の老舗。齢70歳になるサワードゥ種を武器に、近郊の有名なオーガニック小麦農場の粉を使って焼かれるパンやケーキはすっかり地元の味。現在は創業一族からパン作りでテレビ番組に出演するセレブ兄弟を輩出し、ますます注目を集めています。

左下／社員やコミュニティに優しいだけでなく、環境の負荷を軽減する努力を惜しまず、ついに2020年、国際的な認証制度・Bコープに認定。仕事に情熱を持つスタッフにより運営される家族経営のブランド。
中下／コッツウォルズ名物のラーディー・ケーキ。自社に伝わる伝統レシピで焼くものは表面はぬっちり、中は風味良く焼き上がった食事パン。ハフキンス（P.87）とは異なり伝統のラードを使用。

18-20 Church Street, Tetbury,
Gloucestershire GL8 8JG
電話：01454 321629
営業時間：月-金 8:00-15:00、
土 8:00-14:00
定休日：日
hobbshousebakery.co.uk

下／客室は母屋に15室、別棟にコテージが3つ。上質の田舎を感じるインテリア。
P.131上／食事は滞在の楽しみの一つだ。
P.131右下／過去のオーナーには元英国首相ウィンストン・チャーチルの息子と結婚したオズボーン家の家族も含まれている。

The Rectory Hotel, Crudwell,
Wiltshire SN16 9EP
電話：01666 577194
予算：£190 ～／1泊
アクセス：テットベリーから車で約13分
therectoryhotel.com

The Rectory Hotel
レクトリー・ホテル
〰〰〰〰〰〰〰

すべてが好もしく満ち足りる場所

テットベリーの町から車で10分強の場所に、絶対にまた泊まってみたい、不思議な魅力にあふれたホテル、レクトリーがあります。質素と呼びたくなるほど穏やかなインテリアは見事に調和が保たれ、居心地の良さも抜群。18世紀初頭に建てられた屋敷はその名前が教えてくれるとおり元は教会の牧師館だったそうで、牧師さんの14人の子どもたちが伸び伸び育つよう造られたのだとか。採光の良いすがすがしいテラス・ダイニングはこのホテルの中心です。ミシュランの星を持つ老舗レストランの厨房を指揮していた実力あるシェフが旅人を癒す心のこもった料理を提供。すこやかな眠りを楽しんだ翌朝にここでいただく朝食がまた、素晴らしいのです。華美とはほど遠い、誠実な豊かさを実感できる上質ホテル。

Malmesbury マームズベリー

最寄駅：Chippenham
駅から車で約20分、バスで約35分（タクシーは事前予約、または駅前の待機タクシー利用）

太古の村として知られるマームズベリーの修道院には初代イングランド王と言われるウェセックス王国のアゼルスタン王が埋葬されている。

ヘンリー8世が実行した宗教改革の際は、裕福な織物商人によって買い取られたことにより破損を逃れた。

Malmesbury Abbey, Gloucester St.,
Malmesbury, Wiltshire SN16 0AA
電話：01666 826666
開館日：月-土 9:30-16:00、
日 12:30-15:30
休館日：なし
malmesburyabbey.com

Malmesbury Abbey
マームズベリー修道院
⌄⌄⌄⌄⌄⌄⌄⌄

飛べよ飛べ、栄光の大修道院跡で夢想にふける

コッツウォルズの南東に位置するこの小さなマームズベリー村が、かつてイングランドで七王国が覇権争いをしていた時代の重要な舞台であったと言ったら驚かれるでしょうか。事実、イングランドで最も古い自治体としてギネス世界記録に認定されており、7世紀の七王国時代に創建されたマームズベリー修道院には初代イングランド統一王が埋葬されたそう。11世紀初頭には若き修道士が修道院の塔から手作りのハング・グライダーで飛行を試みたという情熱的なエピソードもあり、土地のユニークさが際立つというものです。宗教改革時は解体を逃れたものの、時代とともに荒廃し、現在はオリジナル建築の3分の1程度が残るのみ。しかし廃墟としての魅力は絶大。現在は地元コミュニティのイベント会場として活躍中です。

1990年代のオーナー夫妻が現在の庭の原型を作った。春になるとボーダーは何千ものチューリップや水仙で彩られ、夏には2000株のバラが咲き乱れる。

Abbey House Manor Gardens

アビー・ハウス・マナー・ガーデンズ

左下／2021年にこの地を購入したオーナー夫妻は屋敷の過去の住人の子孫にあたる。ホテルになる計画があり、改装中。
右下／アーチの向こうに小さな風景式庭園が広がる。

今によみがえる修道僧たちの秘密の庭

マームズベリー修道院の裏手に、秘密の花園然とした世にも美しいお庭が隠れています。かつてマームズベリーは修道院がヨーロッパでも指折りの蔵書を誇った学問の府でした。その頃から裏手に学問僧の住む庵があり、広大な庭の一部に薬草園などを作っていたのが、このガーデンの始まりです。この土地に現在のような格式ある屋敷が建てられたのは16世紀のこと。裕福な毛織物商人が修道院ごと一帯の土地を買い取り、新たな邸宅を築いて庭を整えました。現在の庭はリズミカルに並ぶトピアリーや精巧なノット・ガーデンなどの見どころに加え、屋敷の裏側にもエイヴォン川に沿って野趣あふれる別世界が広がり、2万平米に及ぶ広大な庭を形成しています。現在は新オーナーさんが屋敷を公開すべく、庭園とともに修復中。

Abbey House Manor, Malmesbury,
Wiltshire SN16 9AS
電話：01666 822344
営業時間：5-10月オープン予定。公式
SNSなどで確認
休業期：冬期
abbeyhousemanor.com

マームズベリーにいくつかある「最古」の称号を持つ場所の一つ。カントリーサイドのアメニティを評価するナショナル・アワードで、2023年度のベスト・ホテル賞を受賞した上質のステイを約束する。

上／食事はオールド・ベル・ホテル滞在の大きなハイライトになるはず。
下／修道院のお膝元にある宿は今でこそエドワード朝のスタイルも混在しているが、バーにある石造りの暖炉は創建当時のもの。

The Old Bell Hotel, Abbey Row,
Malmesbury, Wiltshire SN16 0BW
電話：01666 822344
予算：£220 〜／1泊
oldbellhotel.co.uk

The Old Bell Hotel
オールド・ベル・ホテル

イングランド最古のホテルで極上ステイと洗練の食事を

さあ、由緒ある当ホテルで旅の疲れを癒してください。ここは全国にその名を轟かせたマームズベリーの大修道院を訪れる要人たちを迎えるため、特別に造られたイングランド最古のホテル。時は1220年。当時の修道院長が指揮し、このホテルの礎ができたと言われています。34室ある客室は古い構造を生かした仕様で、植物や自然をテーマにしたクラシカルな壁紙やインテリアが印象的。アメニティも上質なものを揃えているので、滞在中は随所に小さな喜びを見出すことになるでしょう。宿に泊まるスケジュールを確保できなくても、この村を訪れたならレストランでの食事はぜひ。予期せぬ美食とワインの饗応に、いつしか旅の疲れもすっかり癒え、数世紀も前の旅人と同じように言い知れぬ安堵と感謝を感じるはずです。

Bath
バース

Lacock
レイコック

Bradford-on-Avon
ブラッドフォード＝オン＝エイヴォン

Castle Combe
カースル・クーム

石が語り出す個性

イングランドでは地元で産出される石の色が、その町の個性を形作ると言われています。コッツウォルズ南端のジョージアン・タウン、バース近郊で採掘される石の色は若干濃いめのアンバー。陽が斜めから差して石を琥珀色に染める朝方と夕方のマジック・タイムに、ぜひ訪れていただきたいエレガントな街です。一方、コッツウォルズ南部といってもカースル・クームはバイブリーと人気を二分する手付かずの小さなヴィレッジ。「時が止まった村」の典型です。こちらはノルマン時代に築かれた城を解体した石を再利用してできたそうなので、由来も性質もまったく異なります。バラエティあふれるコッツウォルズを楽しみましょう。

Bath バース

最寄駅：Bath Spa

上／いくえにも折り重なる歴史の厚
みと気品、鷹揚な空気はなかなか他
の都市で味わえない。街全体が世界
遺産。
P.139上／パルトニー橋の上にあるカ
フェからの眺め。

Bath, Somerset BA1
visitbath.co.uk
pulteneycruisers.com（遊覧ボート）

River Avon & Pulteney Bridge
エイヴォン川とパルトニー橋

アンバーに輝く街並み、魅了するエイヴォン川

一度訪れたらその麗しさの虜になり、またいつか戻ってきたいと願
う街。コッツウォルズ丘陵の南端に位置するバースの魅力は、温か
な琥珀色に照り返す街並みそのものです。ジョージ王朝時代の粒ぞ
ろいの建築に華やぎを感じつつエイヴォン川に近づけば、その美し
さにあっと驚き、川に架かる優雅なパルトニー橋の大陸的なシェイ
プに二度驚く。橋の階段を降りて岸に降り立つと、18世紀に流行っ
た古代ローマ風コロネード（列柱）の壮観な佇まいが川面に映り、
三度驚かされます。川をのぞくと1603年に造られた半オーバル型の
堰（段差）があり、小さな滝の流れがまるでクリスタルのせせらぎの
ようにも見え、人々の口からは感嘆のため息が。橋のたもとから遊覧
ボートに乗れば、隣町まで風光明媚な川下りを楽しめるでしょう。

Pulteney Cruisersが
主催する遊覧ボートで
約1時間の往復の旅を
満喫しよう。

上／甘いものから食事系まで何種類
もあるメニュー。
中／ベーコンがのったウェルシュ・レ
アビットもおすすめ。20世紀前半から
のオーナーであるオーバートン一家に
よる品質管理がゆきとどいている。
下／混んでいても3階まであるので少
し並べばすぐに入れる。地下が昔の
キッチンの様子を再現した小さなベー
カリー・ミュージアム兼ショップに。バ
ンの購入はここで。

4 North Parade Passage, Bath,
Somerset BA1 1NX
電話：01225 461634
営業時間：毎日 10:00-21:00
定休日：なし
予算：シナモン・バター £5.7、フレンチ・
トースト £12
sallylunns.co.uk

Sally Lunn's

サリー・ランズ

☆☆☆☆☆☆☆

伝説のまあるいバンを食べる

バースでサリー・ランズのバンを食べないなんて、パリでクロワッ
サンを食べないようなもの。バースと切っても切れない名物が、こ
の直径約16センチの巨大なブリオッシュ・バンです（Bun とは丸い
パンのこと）。約350年前、フランスから逃れてきたユグノー教徒
の娘さんがお国のブリオッシュに似たバンを焼き始めたところ大評
判に。そこから永遠に人気の衰えない伝説のバンが定着し、街で一
番古い家屋の一つとも言われるサリー・ランズのこの場所で、何百
年間も毎日せっせと焼かれているのです。おすすめは風味豊かなシ
ナモン・バター、それから爽やかな自家製レモン・カード。ランチ
ならスモークサーモンや卵と一緒にいただいても。大丈夫、香りよ
く柔らかなバンは、あっという間にお腹に収まってしまいます。

ここに書いた情報は建築家本人が書き残した
資料によってわかっていることで、バース市の
公的ウェブサイトにも掲載済み。この西側にあ
るジョン・ウッドの息子が設計したロイヤル・
クレセントとは対の関係であるとの説もあり、
月と太陽を表しているとか。

The Circus
サーカス

◇◇◇◇◇◇◇

バースの隠されたオカルト建築

市内北側に、とても印象的な建築があります。サーカスと呼ばれる
完全な円形に近い集合住宅で、真ん中に丸い緑地あり。この円形は
3つのタウンハウスのブロックによって形作られ、ブロックの間に
3本の道が通っている。道の起点を結ぶと円の中で完全な三角形が
でき、空から見るとこの円形を起点として南に向かう道路とその先
の四角い公園が鍵型を形作っている。なかなか面白い事実です。こ
のサーカスを設計したのは18世紀の建築家ジョン・ウッド・ザ・エ
ルダーで、彼は古代の叡智に強い興味を持っていました。なにせこ
の円形建築のためにストーンヘンジを研究し、同じ直径を採用した
のですから。建物の細部に目を凝らすと、ヘビやドングリ、航海の
シンボルなどフリーメイソンのシンボルも見つかることでしょう。

住宅の真ん中にはプラタナスの大木
が生い茂り、とてもいいエネルギーを
発している。

The Circus, Bath, Somerset BA1
visitbath.co.uk/things-to-do/the-
circus-p56201

141

ローマ人のコスチュームを身につけたスタッフが場を盛り
上げる。「Bath（風呂）」は古代ゲルマン語にルーツがあり、
以前はアクア・スリスと呼ばれていたこの地が転じてバー
スと呼ばれるようになった。日本語の音声ガイドあり。

左／ローマ浴場跡の近くには源泉を
利用した日帰りスパ施設「サーメ・バー
ス・スパ」が、また英国で唯一の天然
温泉付きの五つ星ホテル「ゲインズボ
ロー・バース・スパ」がある。試したい
人は水着をお忘れなく。
下／ジェーン・オースティンの小説に
も登場するパンプ・ルームが隣接。ミ
ネラルたっぷりの源泉を試飲できる。
お茶もおすすめ。

The Roman Bath & Pump Room
ローマ浴場跡&パンプ・ルーム

2000年にわたってコンコンと湧く神聖な源泉

都市としてのバースの歴史は紀元1世紀にさかのぼります。ローマ
人がブリテン島へ侵攻してきてすぐ、お風呂好きな彼らが嬉々とし
て温泉が出るバースを保養地として開発し、大勢が暮らすように。
その古代ローマ浴場跡を再発見した18世紀のイギリス貴族がまた
しても保養施設を再建して流行を作り出し、それが現在の温泉街と
しての原型に。施設は1897年から一般公開となりました。実はロー
マ時代以前からケルトの人々が利用していた温泉。賢いローマ人は
ケルト民族が祀る女神スリスとギリシャ神話の女神ミネルヴァを習
合して彼らを取り込み、平和裡に共存した歴史があります。その神
殿跡や遺物のほかにも2000年前の遺跡群に囲まれタイムスリップ
できること間違いなしの、大変興味深いミュージアムです。

The Roman Baths, Abbey Church
Yard, Bath, Somerset BA1 1LZ
電話：01225 477785
営業時間：毎日 9:00 ／ 10:00-18:00（入
場は17:00まで）※要事前確認
定休日：なし
入場料：大人 £19-29、子ども（6-18歳）
£11.5-21.5、学生＆シニア（65歳〜）£18-
28　※季節と曜日によって変動
romanbaths.co.uk
thepumproombath.co.uk

真心を感じる季節の料理は絶品。

2フロアに分かれ、1階はカジュアルなカンティーン風で一人客も多く、地下はグッと落ち着いた雰囲気で近くの劇場での観劇前後の食事にも最適。

34 Brock Street, Bath, Somerset BA1 2LN
電話：01225 466020
営業時間：月-土 10:00-23:00［食事は12:00-14:30（土曜は14:00まで）／ 17:00-23:00］
定休日：日
予算：スターター £7.5 ～、メイン £19.6 ～
thecircusrestaurant.co.uk

The Circus Restaurant
サーカス・レストラン
✧✧✧✧✧✧✧

ローカルに愛され続ける南西イングランドの宝石

15年にわたって地元の人々に支持される名店。シェフとしてのキャリアも長く、料理研究を大いに楽しんでいるオーナーシェフのアリソン・ゴールデンさんが、英国産の食材を使って自身が信じる味を時代の流れに合わせて創り上げていくスタイル。スイスやフランスをはじめヨーロッパ各地で学んだ経験も豊富で古典料理への敬意もたっぷり。そこをベースにオリジナリティあふれる料理を紡ぎ出し、地元リピーターや旅行者の舌を虜に。近年はグルテンフリーをはじめ、より健康的で軽さのある料理を生み出すなど「自分が本当に食べたいもの」だけを提供しているというアリソンさんの、一貫した哲学を垣間見ることができます。野菜料理ならサリー・ランズ（P.140）のすぐ近くにある小皿料理のお店、OAKもおすすめ。

開放感のある店内。ファッション・ストア内のクールなロケーション。

Cafe Lucca
カフェ・ルカ
〜〜〜〜〜〜〜〜

高台のテラス席で地中海の風を感じよう

旅の途中で野菜不足を解消したいとき、ちょっとお洒落なエリアで
ショッピングを満喫したいとき、道ゆく人を眺めながら世界に思い
を馳せたいとき。全ての目的に理想的な休憩スポットが、バース市
街の北側、アッパータウンの坂の途中に佇むカフェ・ルカです。コ
ンセプト・ストア「The Loft」の1階角地に陣取るガラス張りの店
舗はいつも気持ちよく風通し良好。外のテラス席はファッションに
敏感な地元の人たちでいつも大賑わいです。同じフロアにはチェル
トナムとバースにしかない個性派ライフスタイル・ブランド「BLUE」
があり、お茶の合間にバースらしいスタイルをチェックするのにお
あつらえ向き。カフェ・カウンターには色とりどりの地中海風サラ
ダやケーキが並んで誘惑してきますが、乗ってみてもいいのかも。

左下・中下／各種サラダ、キッシュ、
ブリオッシュ・バーガーなど栄養バラ
ンスが考えられた料理の選択肢があ
り、ビタミン補給に最適。
右下／坂の途中にあるライフスタイ
ル・ショップ「The Loft」の1階。テラ
ス席はローカルのお気に入り。

1 Bartlett Street, Bath, Somerset BA1
2QZ
電話：01225 333844
営業時間：月・土 9:00-17:00、
日 10:00-16:00
定休日：なし
予算：パニーニ・サンド £11.5、季節のプ
レート £15.5
cafelucca.co.uk

上／2015年頃からすでにボトル・
ショップとして営業していたベック
フォードが2018年秋に今の場所にリ
ロケーション。
中下／大理石のカウンタートップが豪
華な窓側席からはピープル・ウォッチ
ングを。ヘッドシェフのジェイムス・ハ
リスさんが地元の直送食材を使ってシ
ンプルで美味しい料理を提供する。

The Beckford Bottle Shop
ベックフォード・ボトル・ショップ

美食のワイン・ビストロは地元のヒーロー

食通のワイン愛好家が通うスタイリッシュなボトル・ショップ兼ビ
ストロ・バー。南西イングランドで選りすぐりのガストロパブを展
開するプロ集団がワイン愛を形にしようと打ち立てたベックフォー
ド は、欧州産を中心にトレンドを取り入れたラインナップと、旬の
小皿料理で瞬く間に名声を確立。そこに携わる者全員が楽しみなが
らミッションを遂行している様子が伝わってくる潔さのあるお店で
す。フレンドリーで元気なスタッフとは好対照に、ダークウッドの
落ち着きある店内は古都バースにふさわしくシックな佇まい。同じ
通りを中心部に向かって下った場所に2022年末、姉妹レストラン
Beckford Canteenをオープンし、こちらも地元民は諸手を挙げて歓
迎。美酒あるところに美食あり。この方程式は何処も同じです。

5-8 Saville Row, Bath, Somerset BA1
2QP
電話：01225 809302
営業時間：火・土 11:00-23:00
定休日：日・月
予算：チーズとハムの盛り合わせ £18、
グラスワイン £8 ～
beckfordbottleshop.com

左上／チーズケーキ好きなら絶対に
ファンになる濃厚さ。
右下／パンデミック後にロンドンの支
店を閉じたことにより、このバースの
オリジナル店のみが実店舗に。カフェ
も併設している貴重な店だ。

The Fine Cheese Co.
ファイン・チーズ・カンパニー

世界最高峰のチーズ屋さんのチーズケーキ

バース生まれのアルチザン・チーズ・ショップとして英国内はもと
より世界的に名を馳せるファイン・チーズ・カンパニー。低温殺菌
しない風味豊かな本物のチーズで真の愛好家の心を捉えて離さない
創業30年の老舗です。愛あふれる世界トップ・レベルのチーズ・マ
エストロが、保存温度や期間を徹底管理。併設カフェでいただける
チーズを使った軽食は原材料の礎をしっかりと感じられるシンプル
な逸品揃いです。中でも華麗なる経歴を誇る菓子職人が丹念に作る、
なめらかで濃厚なチーズケーキは絶品。日替わりでバラエティも揃
え、地元のファンたちが楽しみにしているのだとか。チーズ用のチャ
ツネやビスケットをも自社で開発し、痒いところに手が届くアルチ
ザンぶり。素晴らしい英国産チーズに確実に出会える場所です。

29 & 31 Walcot St, Bath, Somerset
BA1 5BN
電話：01225 448748
営業時間：月-木 9:00-16:00、
金・土 9:00 -17:00
定休日：日
finecheese.co.uk

147

全29室のホテルは心からリフレッシュ
できる現代的な造り。

観光スポット至近の便利な立地もお
すすめの理由。

The Queensberry Hotel, Russell
Street, Bath, Somerset BA1 2QF
電話 : 01225 447928
予算 : £145 〜／1泊
thequeensberry.co.uk

The Queensberry Hotel
クイーンズベリー・ホテル

⌄⌄⌄⌄⌄⌄⌄⌄

バースで唯一の一つ星ダイニングとモダン・ステイ

ロイヤル・クレセントをはじめ、数々の観光スポットを擁する市街
北側、アッパータウンを見て回るのに最適の宿がジョージアン・タ
ウンハウスを見事に改装したクイーンズベリーです。心から滞在し
て良かったと思えるのは静かなロケーションやモダンな客室など
ハード面だけではありません。ここは食事にも大注目。地下にある
「Olive Tree」レストランはヘッドシェフのクリス・クレッグホーン
さんが2018年にミシュランの星をもたらして以来、現在も維持し
続けるバースでただ一つのミシュラン店なのです！ 彩りの美しさ、
味わいの言い知れぬ奥深さに定評があり、食通たちの溜まり場に。
周囲には「東アジア芸術美術館」や産業ミュージアム「The Museum
of Bath at Work」などもあり、ここを拠点にできる限り回りたい。

左・右下／ミシュラン三つ星と二つ星の厨房を経験したクリスさんが引っ張る高級ダイニング。

上／800年前からすでに庶民の市場
としてこの地にあり、18世紀に壮麗な
ギルドホールと隣り合わせるように設
計された。一昔前のバースを垣間見
たい方にはもってこいの場所。
右下／あらゆる嗜好に合わせた商品
を扱う人気のデリカテッセン。

Bath Guildhall Market

バース・ギルドホール・マーケット

800年の歴史を背負うレトロな屋内市場

重厚なジョージ王朝時代の建物の中に入ると、なぜかそこはかとな
く昭和の香りが。ここは18世紀に造られたバースのギルドホール
に隣接する古い屋内市場。アール・デコ調の鉄製フレームがドーム
型の催場にレトロな趣を添えています。しかし歴史はもっと古く、
13世紀にはすでに市場がここに立っていたのだとか。現在営業し
ているのは約20軒の興味深いブランド。クラフト品、ファッション
雑貨や古本のほか、昔ながらのお菓子、地元野菜を扱う八百屋やデ
リ、1950年代スタイルのダイナーやカフェなど、他では決して出会
うことのできない個性豊かな面々が営業中。ちょっとしたタイムス
リップ感覚がやってきて胸がときめきます。ここから北側のWalcot
は「バースのアルチザン地区」と呼ばれ、楽しい発見が多いエリア。

Bath Guildhall Market , High Street,
Bath, Somerset BA2 4AW
電話：01225 460808
営業時間：月–土 9:00-17:00
定休日：日
bath.co.uk/shopping/bath-guildhall-
market

レイコック Lacock

最寄駅：Chippenham
駅から車で約10分、バス・ステーションからバスで約15分(タクシーは事前予約、または駅前の待機タクシー利用)

広大な田園風景の中に佇む。広々とした敷地の散策もぜひ。　© National Trust Images/Alana Wright

©National Trust Images/
Chris Lacey

©National Trust Images/
John Hammond

Lacock Abbey

レイコック修道院

800年の歴史を激写する

修道院として13世紀に創建されながら、チューダー朝の宗教改革時に民間に払い下げられた歴史は他の修道院と似ているかもしれません。その後は人の住まいとなるよう少しずつ手を加えられ、1944年にナショナル・トラストに寄贈。おかげで私たちが見学できることになったわけですが、精巧な意匠が施された中世の修道院建築がそのまま美しく保存されており、「ここに人が住んでいたとは！」と思わずため息が出てしまいます。過去の住人の中には現在の写真技術の基礎を発明した科学者もいて、敷地内にはミュージアムも併設。レイコック修道院という素晴らしい遺産は現在、映画やドラマのロケ地として華々しく活躍中で、「ハリー・ポッター」シリーズ、「ダウントン・アビー」シリーズなどはほんの一例です。

左／荘厳な回廊はホグワーツ魔法魔術学校の舞台に。
右／クィレル先生の教室のロケが行われたWarming Room。レイコック村は、その他のパブやプライベート・ハウスもロケに使われた。

Lacock, near Chippenham, Wiltshire SN15 2LG
電話：01249 730459
開館日：毎日 10:00-16:00　※開館時間は要事前確認
休館日：なし
入場料：大人 £11-17、子ども（5-16歳）£5.5-8.5　※時期によって異なる
アクセス：チッペナム駅から車で約10分
nationaltrust.org.uk/visit/wiltshire/lacock

151

Bradford-on-Avon ブラッドフォード＝オン＝エイヴォン

最寄駅：Bradford-on-Avon

平屋だったコテージに1675年、2階部分を増築。
飽きずに眺められる外観。

The Bridge Tea Rooms
ブリッジ・ティー・ルームス

古いものへの憧れが究極の形に

バース・スパ駅から電車でほんの15分。ブラッドフォード＝オン＝
エイヴォンに世界中のお茶好きが通う聖地があります。それはエイ
ヴォン川のほとりに佇むブリッジ・ティー・ルームス。まっすぐなと
ころが一つもない、まるで生きているようにも見える建物は1502年
のものと言われ、仕立屋、鍛冶屋、菓子屋などさまざまに顔を変えつ
つ、1989年にティールームに。2006年から現オーナーさんに引き
継がれました。注目すべきはビクトリア朝然とした設えだけでなく、
UKティー・アソシエーションが選ぶ「トップ・ティー・ルーム」に
何度も輝いたクオリティ。最高級のリーフティー、伝統レシピのス
コーンもケーキも素朴で申し分なし。極めつけはビクトリア朝の白
いエプロン姿で迎えてくれるウェイトレスさんたち。これは萌えます。

24a Bridge Street, Bradford-on-Avon,
Somerset BA15 1BY
電話：01225 865537
営業時間：毎日 10:00-16:30
定休日：なし
thebridgetearooms.co.uk

152

さわやかキーライム・パイは名物の一つ。これ以外にも
古いレシピで焼かれるケーキ類ははずれなし。

ビクトリア朝時代のティールームそのもの。

153

The Bunch of Grapes
バンチ・オブ・グレープス
✧✧✧✧✧✧✧

人口1万の町から世界を見るレストラン＆ベーカリー

「こんな田舎町に、こんなすごいレストランが!?」コッツウォルズを旅していると真に驚かされることがあります。エイヴォン川に癒されるブラッドフォード＝オン＝エイヴォンは小さな町ですが、パブを改装したレストラン、バンチ・オブ・グレープスは世界に通用するミシュラン級の輝かしい料理に出会える場所。「グッド・フード・ガイド 2020」で行くべき新星レストランとして取り上げられ、後にミシュラン・ガイドにも掲載。それはひとえにオーナーシェフのトニー・ケイシーさんが長年にわたって二つ星レストランの厨房で戦ってきた経験と、自身の創造性の賜物です。彼の優れた感性は昨今国内で注目を浴びているアルチザン・ベーカリーを2023年、町にいち早く持ち込んだことでもわかるというもの。今後の活躍に期待！

ジョージア王朝時代のビルが美しい。通りを隔てたお隣にThe Bunch of Bakesをオープン。

14 Silver Street, Bradford-on-Avon, Somerset BA15 1JY
電話：01225 863650
営業時間：木・金 12:00-15:00 ／ 17:00-23:00、土9:00-23:30、日 9:00-21:00
定休日：月-水
thebunchofgrapes.com

夫婦デュオで経営する町の人気店。自慢のサンデーローストもぜひ。

できる限りイングランド南西部の生産者から仕入れた季節の食材がメニューに。トニーさんのお料理は文句なく見目麗しく、口に運べばそれ以上の味わいを堪能できる。

155

Castle Combe カースル・クーム

最寄駅：Chippenham
駅から車で約12分、バスで約25分（タクシーは事前予約、または駅前の待機タクシー利用）

ゴルフ場を含む約1.5平方キロの敷地にはチャーミングなイタリア式庭園も整えられている。

上／この門の向こうにラグジュアリーな別世界が広がる。事前に期間限定会員になると併設ゴルフコースでプレイすることも可能。詳しくはお問い合わせを。　下／ふらりと立ち寄ってクリームティーはいかが？

Castle Combe, Chippenham,
Wiltshire SN14 7HX
電話：01249 782206
予算：£250 〜／1泊
exclusive.co.uk/the-manor-house

The Manor House
マナー・ハウス

人生を祝福するご褒美ホテル

羊毛で栄えた時代のシンボル、マーケット・クロスが村の中心に佇むカースル・クームは、コッツウォルズでも指折りの美しさと謳われる小さなヴィレッジ。毛織物職人たちが暮らした中世のコテージ群を横目に散策していると、ハッとするような立派な門が見えてきます。足を踏み入れ緑道を進むと突然視界が開け、蔦の絡まる夢のようなお屋敷が出現。幾世代もの人々を見守ってきた14世紀のマナー・ハウスは現在五つ星ホテルとして活用され、早80年近くの歳月が過ぎました。これまでいくつものマナー・ハウスを見てきましたが、ここはその隠された立地も含め、どこか異世界にいるような不思議なオーラをまとっていると思います。現実からエスケープしてリフレッシュしたいとき、魂の洗濯に最適の宿。

母屋と離れに50室。同じインテリアの部屋は二つとしてない。こちらは「Golden Leigh」コテージ。

ラウンジでのアプタヌーン・ティー体験は格別。ミシュラン一つ星に輝くレストラン「パイプルック」も併設。いずれも宿泊しなくても利用可。

カースル・クームは映画のロケ地としても知られる。最近では「ウルフマン」「スターダスト」「戦火の馬」など。最初の映画「ドリトル先生」でも舞台に。

左中／マーケット・クロスが建てられたのは13世紀。
左下／カースル・クーム名物の個人宅販売のケーキ。

1 Market Place, Castle Combe,
Chippenham SN14 7HT
visitwiltshire.co.uk/towns-and-villa
ges/castle-combe-p462723

Castle Combe Village Walking
カースル・クーム 村歩き

とっておきの原風景を満喫する

カースル・クームには、旅人がコッツウォルズに求める全てが詰まっています。羊毛産業の名残を感じるマーケット・クロス。最盛期の15世紀に建てられた織工たちの小さな工房。織物に欠かせないバイブルック川の清流。何世紀もそこにある石橋。全てが織り合わされ、郷愁あふれる原風景を形作っています。村では20世紀初頭まで市場が開催されていたそうですが、きっと数世紀前と変わらない風景だったことでしょう。今も地元の人が軒先で手作りのケーキや小さな花束を無人販売しています。散策を楽しんだ後は、昔の領主の館で優雅なアフタヌーン・ティーと洒落込んだり、マナー・ハウスの姉妹パブ、カースル・インに立ち寄ってフィッシュ＆チップスと地元エールでお腹を満たしたり。愉しみ方はあなた次第。

Special Thanks to:

Selina Rutherston,
Machiko Jinto,
Mariko Yasuda,
Rai Ishigaki,
Megumi Takeyama,
Yukari Elliott,
Yoshiki Ban,
Mariko Lavender-Jones,
Tsutomu Ishida,
Nami Gono,
Manami Kobayashi

旅はつづく

「まゆさん、ロンドン以外の本を出しましょう」。自由国民社編集部の
上野茜さんにそうお声がけいただいたのが、プレコロナの時代です。
「いいですね！ ロンドンから簡単に行ける魅力的な場所はどうでしょ
う？ でもコッツウォルズは人気で本もたくさん出ているから、そこ
以外がいいと思いますよ」。そうお答えしてからしばらく、上野さん
からこう返事がありました。「やはりコッツウォルズは特別な場所だ
と思います。ぜひ、コッツウォルズにしましょう！」

私は心の中でニヤリとしつつ「そうきたか」と思いました。コッツウォ
ルズは、決してご縁が薄いエリアではありません。昔、観光バス会社
のＰＲでコッツウォルズをバスで回って記事を書く仕事をしましたし、
雑誌の取材で訪れることもあります。個人的な旅行でも何度も訪れて
いるのですが、自分で車を運転しないので、本の取材で動くのは難し
いと感じていたのです。

それが今回、どう取材するか自分なりに戦略を立てて動いてみたとこ
ろ、なんとスリリングで楽しかったことか！ プランを練り、電車と
バスの時間を綿密に調べ、うまくつながらない時間はタクシーを予約。
事前リサーチしたホテルに泊まりながら、方々へと公共交通機関を
使って動き回りました。まさにこの本のモデル・コースでご紹介して
いるように。（車を出してくれた友人たちにも感謝！）

取材の途中でパンデミック期に突入し、空白の１年半を経てようやく
出版の運びとなり、感謝の気持ちもひとしおです。こんな楽しい取材
旅行をもたらしてくださった編集の上野さん、そして関わってくだ
さったすべての皆さまに、心からお礼を申し上げます。

この５年間、何度もコッツウォルズに通い、ついに自分だけのコッツ
ウォルズを見つけたような気がしています。皆さんも心が赴くままに
場所を選んで、自分だけのコッツウォルズを見つけてくださいね。

2023年11月
江國まゆ

江國まゆ　Mayu Ekuni
absolute-london.co.uk

イギリス情報ウェブマガジン「あぷそる〜とロンドン」編集長。東京の出版社で書籍・
雑誌の編集を経て、1998年渡英。英系広告代理店にて日本語編集者として活動後、
2009年に独立。ライター、ジャーナリストとして各種媒体に寄稿中。著書に『歩いてま
わる小さなロンドン』(大和書房)、『イギリスの飾らないのに豊かな暮らし365日──
英国の人たちから学びたい毎日を心地よく過ごすための鍵』(自由国民社)、共著に
『ロンドンでしたい100のこと 大好きな街を暮らすように楽しむ旅』(自由国民社)があ
る。20年以上住んでもなおロンドン愛は続く。

コッツウォルズ
伝統と洗練が息づく英国で一番美しい風景

2024年1月5日　初版第1刷発行
2024年6月6日　初版第2刷発行

著者　　　　江國まゆ　Mayu Ekuni

デザイン　　吉村朋子
校正　　　　浅沼理恵
編集　　　　上野　茜

発行者　　　石井　悟
発行所　　　株式会社自由国民社
　　　　　　〒171-0033 東京都豊島区高田3-10-11
　　　　　　電話 03-6233-0781(営業部)
　　　　　　　　 03-6233-0786(編集部)
　　　　　　https://www.jiyu.co.jp/
印刷所　　　株式会社シナノ
製本所　　　新風製本株式会社